Клад

Константин Паустовский

Содержание

Клад 1

Артельные мужички 12

Бабушкин сад 27

Воздух метро 32

Грач в троллейбусе 35

Желтый свет 42

Кваша 46

Колотый сахар 52

Концерт в Вардэ 60

Королева голландская 67

Первый туман 74

Последний черт 79

Разговор во время ливня 85

Робкое сердце 91

Собрание чудес 97

Стальное колечко 108

Таинственный сундук 114

Утренник 120

Содержание

.... 12
....
....
....
....
....
....
.... 60
....
.... 74
....
....
....
....
.... 108
....
.... 120

Клад

Весь этот лесной край к северу от Оки издавна назывался «дремучим».

Я исходил по тамошним лесам десятки километров вместе с Аркадием Гайдаром. Было это давно, в начале тридцатых годов.

Несколько раз за время наших скитаний мы заводили разговор и старом народном выражении «дремучие леса». Мы восхищались точностью русского языка. Действительно, лесные дебри как бы цепенели в дремоте. Дремали не только леса, но и лесные озера и ленивые лесные реки с красноватой водой. По берегам этих рек росли цветы «кукушкины слезы». В народе их зовут «дрёмой». Это растение было под стать дремучим лесам. Венчики «кукушкиных слез» сонно висели, согнувшись до самой земли.

Мы видели огромные пустоши, гари, буреломы. Болота курились холодным паром. Тучи комаров и слепней звенели над землей. Целые участки леса были съедены гусеницей и заплетены паутиной.

Мы мечтали о том, чтобы у нашей Советской власти скорее дошли руки до этих запущенных мест и человек вмешался бы, наконец, в жизнь скудеющей здешней природы.

На одной лесной порубке, называвшейся «Казенной канавой», стояла старая изба-четырехстонка. Стояла она на берегу заросшего стрелолистом мелкого канала – той самой «Казенной канавы», по имени которой и называлась порубка.

Канал этот вырыли в шестидесятых годах прошлого века, хотели отвести воду из Великого болота, да, видно, просчитались: болото не высохло, а канава так и осталась, как память о неудачной работе губернских мелиораторов.

Летом в избе жили смолокуры – старик Василий и его внук, мальчик лет девяти, Тиша.

Однажды мы заночевали в избе у Василия. Дело шло к вечеру. Над порубкой висел сухой желтоватый туман. Между пней, пахнувших скипидаром, скакали с треском кузнечики. За

1

мелколесьем садилось мутное солнце. В канаве шныряли мальки и пищали водяные крысы.

В избе было душно. На стене висела выцветшая литография «Взятие Зимнего дворца».

Мы принесли с собой сахару, сухарей, и Василий приказал Тише вздуть самовар.

За чаем Василий сказал, отирая рукавом пот со лба:

— От нашего занятия один толк: долголетнее существование. Мы, смолокуры, живем крепко. Потому что вся внутренность у нас просмоленная. Никакой болезни не допускает. Смолокура даже комар не берет. А ежели, конечно, посмотреть с птичьего полета, то какая это жизнь! Одна смола да уголь, пустошь да гарь!

— Да-а, пустошь! — повторил он и осторожно взял черными от смолы пальцами белоснежный кусок сахара. — Был глушняк — и есть глушняк! Вроде позабыло правительство про наши места.

— Черед не дошел, — заметил Тиша.

— Вот бы вызвали меня в Москву да расспросили, — ох, и рассказал бы я им! Ты бы мне это устроил, Аркадий Петрович. А? Чтобы съездить в Москву,

— Трудновато, — ответил Гайдар. — Это здесь ты отчаянный, А в Москве из тебя слова не вытянешь.

— Вот и нет! — возразил Тиша. — Дед у нас ужас какой смелый.

— А ведь верно! — закричал Василий. — Верно, Тишка, разрази тебя громом!

— А чего бы ты в Москве рассказал? — спросил Гайдар.

— Перво-наперво про леса. Какие это леса, мать честная! Закатились во все стороны за самый окоём. К вечеру подымись на бугор, взгляни, как туманы над ними струятся, — сердце замрет. Но что-то, замечаю, многовато стало сухостоя в лесу. Трухи — целые навалы! От трухи всякий червь-паразит заводится и дерево точит. А озера! Черным дубом завалены. Некуда донку закинуть — враз порвешь. И стоят в тех дубовых корягах, как разбойники в пещерах, темные окуни. Вот с этот поднос!

Василий показал на жестяной поднос под жалобно сипевшим самоваром.

– Торфа по болотам прямо бездонные! В реках – выхухоль, выдра, язь. Да что леса! Заливные луга на сотни километров вдоль Оки тянутся. Как зацветут – не надышишься. Однако и луга, как я примечаю, все меньше хорошей травы родят. Видать, стареют. Позарастали бурьяном, боярышником, лозой. Вот и пребывает наш край, как говорится, в пренебрежении. А ежели за него взяться, будет здесь золотая земля.

Проснулись мы на следующий день рано и в такой тишине, что было слышно, как со слабым звоном капала с крыши на перевернутое ведро ночная роса.

Только что взошло солнце. Оно было не мутнее, как вечером, а светлое, свежее, отдохнувшее за ночь.

Мы пошли вдоль канавы, чтобы найти место поглубже и выкупаться.

– Стой! – вдруг сказал Гайдар. – Что это такое? Вон там за кустом.

Это «что-то» оказалось девочкой лет семи. Заметив нас, она затаилась

за кустом волчьей ягоды.

Мы подошли к девочке. Она сидела на траве и испуганно смотрела на нас большими синими глазами. Рядом стоял кувшин с молоком, завязанный чистой тряпицей.

Девочка была в вылинявшем желтом платке и длинной черной юбке, доставшейся ей, должно быть, от старшей сестры.

– Что ты есть за человек? – спросил Гайдар. – Признавайся!

– Я с Шамурина, – торопливо ответила девочка, встала, наступила на свой подол и чуть не упала. – Наша деревня веч там, за канавой. Всего девять дворов.

– Ты Тишина сестра?

– Ага! Лиза. Тишка зимой в школе учится по четвертому классу.

– А ты?

– Не! Я еще маленькая. Я каждое утро с молоком сюда бегаю. А вы кто будете?

– Отважные путешественники, – ответил Гайдар. – Ищем

здесь белый горючий камень. Под ним зарыт заколдованный клад. Не видала ты этот камень?

— Да нет, — ответила, смутившись, девочка. — Может, кто другой и видел, а я не видала. Какой же это клад?

— Вырастешь — узнаешь.

Днем мы ушли с порубки. Снова потянулись заглохшие лесные дороги, скользкие от рыжей хвои. Мерно шумели вершины сосен, таяли в небесной глубине облака, и дятлы, гневно косясь на нас, выстукивали сухие деревья.

С тех пор прошло больше двадцати лет, равных векам. Не осталось ни одного уголка страны, где бы не произошло разительных перемен. Шум исполинской стройки охватил весь Советский Союз.

Началось покорение природы. Новые моря, каналы, леса, растительность, новый климат — все это создавалось на наших глазах.

Естественно, что мне захотелось узнать, как переменился за это время тот край, где мы скитались с Гайдаром.

Лесной этот край лежал за Окой. Был поздний вечер, когда я подъехал на грузовике к наплавному мосту.

Мост только что развели. Буксир тащил против течения, хлопотливо хлопая плицами, вереницу барж. Палубы их были заставлены новыми машинами «победа».

Я вышел из кабинки и глубоко вздохнул: из-за реки лился свежий и необыкновенно пахучий воздух.

— Это клевер, — сказал мне пожилой шофер. — Тут теперь все луга засеяли клевером.

Вскоре мы уже были в этих лугах. В темноте их не было видно, но л знал, что мы погружаемся в разливы сырых, прохладных и душистых трав. Иногда на земле светилась звезда, и трудно было понять, отражается ли ее огонь в луговом озерце или просто в росе.

— Есть в этих местах, — сказал шофер, — один человек. Вам не миновать с ним познакомиться. Зовут его Тихон Чернов. Председатель здешнего райисполкома. Не слыхали?

— Нет, не слыхал.

— Замечательный человек. Совершенно новой формации. —

Шофер любил выражаться научно. Мотор он называл «двигателем внутреннего сгорания», а про растительность говорил, что «флора прогрессирует на глазах». – Так, значит, не слыхали вы про Чернова?

– Я здесь двадцать лет не был. Откуда же мне его знать.

– Период довольно значительный, – согласился шофер и добавил: – Значит, вы теперь эти места не узнаете. Сейчас в наших лугах – полная экспозиция машин. Как на выставке! Чего тут только нет! Болотные фрезы, кусторезные машины, канавокопатели, сеялки для травы. Вся луговая инженерия собрана. Да и то сказать – реконструкция природы!

Шофер помолчал.

– Вот только где мы с вами заночуем в Полянах? Время позднее.

Мы решили остановиться у первого же дома, где увидим свет в окнах.

Так и сделали. Дом с двумя освещенными окнами стоял при въезде в село.

– Да это ведь школа! – радостно сказал шофер. – Тут учительница живет. Тоже, говорят, девушка новой формации.

Мы постучали. Нам открыла девушка с длинными русыми косами. Она сказала, что мы можем переночевать в пустой школе, и предложила напоить нас чаем.

От чая мы отказались, но девушка все же провела нас в свою комнату. При свете электрической лампы я взглянул на девушку и подумал, что милее ее я еще никого не встречал на свете. Особенно хороши были глаза: совершенно синие и смущенные.

На столе стояла карточка Гайдара. Я внимательно посмотрел на девушку:

– Вы меня не помните?

Девушка взглянула на меня и покачала головой.

– Ну, а Гайдара вы помните?

– Ну как же! – воскликнула девушка. – Постойте! Так это вы с ним были на «Казенной канаве»? Вот какой случай необыкновенный!

– А вы Лиза?

– Да, Лиза. Я сейчас приготовлю все-таки чай. Надо же поговорить. И брат скоро вернется из райисполкома.

– Неужели Тиша? – спросил я.

– Да, Тиша. Он у нас председателем.

– Вот мы, значит, в самую точку и врезались, – сказал с торжеством шофер.

– Прямо чудеса! – говорила Лиза, накрывая на стол и без причины смеясь. Она раскраснелась и даже задыхалась от волнения. – А Гайдар, знаете, письмо мне прислал еще тогда из Москвы. Про заколдованный клад. Я маленькая была, неграмотная. Мне это письмо Тиша читал. Он там так хорошо написал: «Мы, Лиза, клада не нашли, хотя и расспрашивали про него всех встречных птиц и зверей. А потом попался нам сивенький старичок-гриболов и сказал, что никакого клада под белым камнем нету и никогда не было, а есть на свете единственный настоящий клад – хорошее сердце. Вот ты, Лиза, и старайся, чтобы у тебя было хорошее сердце. И побольше читай». Как неудача какая, я прочту это письмо – и опять мне легко.

– Ласковое слово благотворно влияет на психику, – заметил шофер.

– Ну, а как Василий? – спросил я. – Жив?

– Нет, умер.

– А все говорил, что смолокуров смерть не берет.

– Это у него была такая присказка. Болельщик был за свой край. Все шумел, что будет здесь золотая земля. Ему бы сейчас вокруг поглядеть. Луга корчуют от кустарников, перепахивают, удобряют и уже начали засевать хорошими кормовыми травами. Теперь вы лугов не узнаете: сплошной цветник. Гидростанцию построили. И в лесах полный порядок. Весь сухостой убрали, прорубили пожарные просеки, всю, как есть, свободную землю засадили сосной. На «Казенной канаве» уже лес вытянулся – пушистые такие сосенки ростом под потолок. Стоят густо – не пройдешь.

– Тихона Ивановича забота, – заметил шофер.

– Да, Тиша много работает, – согласилась Лиза. – Он у нас с

6

высшим образованием. Мелиоратор. А я вот учительствую. Преподаю русский язык и литературу.

Мы проговорили еще долго, но Тиша так и не пришел. Увидел я его на следующее утро в райисполкоме, в светлой комнате с только что вымытыми, сырыми полами. Солнце уже сушило полы. Окна были открыты, и за ними уходили в голубеющую дымку луга. Среди них то тут, то там сверкали слюдой озера.

Я не сразу узнал Тишу в худощавом человеке с орденом Красной Звезды, в военном кителе без погон. Он был подтянут, чисто выбрит, несмотря на то, что работал, очевидно, почти всю ночь.

Тиша – для меня он все оставался Тишей, хотя все звали его Тихоном Ивановичем, – избегал говорить о том, как он из мальчишки смолокура стал мелиоратором и председателем райисполкома. В ответ на мои расспросы он уклончиво сказал:

– Да что ж тут особенного. Много нас таких…

В окно заглянул высокий веснушчатый шофер.

– Тихон Иванович! – сказал он умоляюще. – Едемте поскорей. А то они засиделись и прямо клетки перегрызают. И морды у них страховидные, хоть не смотри.

– Небось не съедят, – ответил Тиша. – Сейчас поедем. Мы здесь, – обернулся он ко мне, – бобровое хозяйство заводим. На реке Белой. Новую партию бобров привезли. Из-под Воронежа. Хотите поехать с нами? Посмотрите старые ваши места.

Я согласился. Мы влезли в кузов грузовика. В ящиках сердито урчали и возились бобры. За околицей машина вошла в лес. Дорога подымалась по твердому песчаному взгорью. Теплый свет стоял среди сосен.

В этих местах раньше навалами лежал бурелом, а сейчас густо рос подлесок из можжевельника и лещины.

Удивительно легко было дышать. Может быть, поэтому Тиша неожиданно заметил:

– Верно ведь сказано: «В их сенях ветра шум и свежее дыханье».

Мы остановились около гидростанции на лесной маленькой реке.

Вверху над соснами дул свежий полуденный ветер, и весь лес качался и шумел широким океанским гулом. Но до земли ветер не доходил. Внизу было безветрие.

Гидростанция работала почти бесшумно. Только невнятно бурлила около плотины вода да было слышно, как внутри станции кто-то напевал арию из «Садко»: «Не счесть алмазов в каменных пещерах…»

Я впервые видел такую маленькую гидростанцию, срубленную из сосновых кряжей. Внутри было очень чисто, прохладно, пахло смолой. Ветки лещины заглядывали в открытые окна. На табурете сидел загорелый юноша в майке.

– Наш электрик, – познакомил меня с ним Тиша.

Юноша смутился и сказал:

– Я тут, Тихон Иванович, за дежурство, извините, все оперы, какие знаю, пропел.

– Большой театр на дому, – усмехнулся Тиша и обернулся ко мне: – Эту станцию мы сами соорудили. Своими колхозными руками. Не станция – игрушка! Вот скоро начнем строить большую межколхозную станцию на торфу около Лицевого озера. Тогда будет у нас и электропахота, и электродойка, и электрические пилы начнут работать в лесах.

Я бывал в прежнее время на Лицевом озере, и потому мне трудно было представить, что там скоро возникнет здание электростанции. Двадцать лет назад Линевое озеро было такой глухоманью, что, по словам лесников, не всякая птица отваживалась туда залетать.

Весь этот день меня не покидало чувство свежести. Все сверкало, рилось, переливалось этой свежестью: стволы берез и сосен, листья, травы, самый воздух, вода лесных озер.

– Удивляетесь? – спросил Тиша. – А помните, какая здесь была тьма, ка не трущобы? Теперь лес дышит свободно.

С гидростанции мы проехали на реку Белую. Там стояла заповедная тишина. Зеленоватый отблеск хвои падал на струившуюся воду. Пришел зверовод – человек строгий и молчаливый – и выпустил бобров из клеток. Бобры, прежде чем войти в воду, долго чистились, расчесывали шерсть когтистыми лапами, не обращая на нас внимания.

– До чего вежливый зверь! – восхищался шофер. – Воду в речке не хочет грязнить.

К вечеру мы, наконец, попали на обратном пути в Поляны, на «Казенную канаву». Там теперь в нескольких деревянных домах разместилось лесничество. Но изба-четырехстенка уцелела. Ее приспособили под сушилку для сосновых шишек.

Мы посидели с Тишей на берегу канавы. Ночная синева медленно подымалась с востока. В воде плескалась тяжелая рыба.

– Лещи, кажется, – сказал Тиша. – А при дяде Василии только гольцы здесь и водились. Во-время вы подгадали приехать. Все цветет. Самое красивое время. Были уже в лугах?

– Нет, еще не был.

Тиша помолчал.

– В каждом районе, будь он хоть самый невзрачный на вид, есть большие возможности, – сказал он и повторил: – Большие возможности. Небось Лиза рассказывала вам про клад? Это правильно, конечно, что хорошее сердце – клад. А я думаю, что и в каждом районе зарыт свой клад. Милее наших мест нет на свете. Вот говорили всегда: нищий край, подзол, картоха, болота, комарье, гниль да труха, а смотрите, как он развернулся. А люди? Помните прежние разговоры: «ужо» да «ужо», «куда нам соваться», «разве сразу возьмешь да осилишь». А сейчас как повеселел народ! В будущее верит, в своей силе не колеблется. Я всех тороплю, но и меня все торопят – давай и давай! Нетерпение у народа к новой жизни. Все теперь нужно – гидростанция, разработка торфа, шоссе до областного города, сбор лекарственных трав, новая порода скота, посадки леса, сады, пасеки, новые школы. Тут работы пропасть, а на взгляд будто и невидный район. Но главное, конечно, это – луговое наше хозяйство. На днях наш секретарь обкома едет в Кремль докладывать правительству о преобразовании Окской поймы в молочную базу для Москвы. Было у него совещание по этому поводу. На нем мы решили наглядно показать правительству наши богатства и наши возможности. Показать наши луга как бы в натуре. Потому что одно дело – словесный доклад, а совсем другое дело – показ того, чем мы располагаем. А для этого надумали мы отвезти в Москву все цветы и травы, какие здесь произрастают. Все сорта. В живом виде, конечно.

– Как же вы их довезете, эти цветы и травы?

– На машине. В кадках с водой. Ведь это целые снопы цветов, – вы понимаете!

Сбор трав и цветов начался через несколько дней.

Этим делом распоряжалась Лиза. Она созвала школьников старших классов. Когда я зашел к ней, человек тридцать мальчиков и девочек сидели на бревнах около школы и запальчиво спорили, на каких лугах самые большие и разнообразные цветы. Одни говорили, что по краю Старицы, другие – по берегам озера Студенец, третьи стояли за таинственную местность Хвощи, а самая маленькая девочка с взлетающим клоком волос на голове кричала со слезами в голосе:

– Не так говорите! Вот и неправда ваша! К Тихому броду надо идти. Там – ух, что делается с цветами!

Известно, что цветы лучше всего собирать или утром до жары, или перед вечером, когда зной спадает. Иначе они быстро вянут.

Решили собрать цветы перед вечером, принести их в Поляны, тут же перебрать и отправить ночью в Москву.

Я пошел с Лизой и школьниками в луга. С нами пошло много народу, в том числе и мой шофер.

Каждый старался найти самый большой цветок. Каждый говорил, что его цветок просто волшебный.

Возвращались из лугов мы уже вечером. Солнце село. Над озерами задымились туманы. Кричали по низинам коростели.

Цвел шиповник – спутник светлых июньских ночей.

В чистом меркнущем небе реактивный самолет тянул свой белый быстрый след. След этот летел к слабо блестевшей над нами звезде. И этот след и звезда отражались в воде Старицы, и вода от этого казалась бездонной, как вечернее небо.

В шиповнике по берегам Старицы уже притаилась ночь.

Только цветы на кустах светились отраженным блеском еще не погасшей зари. Потом в кустах, стараясь не нарушить вечернюю тишину, щелкнул, пустил стеклянный перезвон и затих соловей.

Пепельный Юпитер взошел над темным лесом на горизонте и начал медленно подыматься над лугами, вековыми ивами и туманами – над знакомой и милой нашей землей.

Артельные мужички

Варя проснулась на рассвете, прислушалась. Небо чуть синело за оконцем избы. Во дворе, где росла старая сосна, кто-то пилил: жик-жик, жик-жик! Пилили, видно, опытные люди: пила ходила звонко, не заедала.

Варя выбежала босиком в маленькие сенцы. Там было прохладно от недавней ночи.

Варя приоткрыла дверь во двор и загляделась – под сосной с натугой пилили сухую хвою бородатые мужички, каждый ростом с маленькую еловую шишку. Сосновые иглы мужички клали для распилки на козлы, связанные из чисто обструганных щепочек.

Пильщиков было четверо. Все они были в одинаковых коричневых армячках. Только бороды у мужичков отличались. У одного была рыжая, у другого – чёрная, как воронье перо, у третьего – вроде как пакля, а у четвёртого седая.

— Здравствуйте! – тихо сказала Варя. – Вы кто ж такие будете?

Мужички с еловую шишку обернулись, стащили шапки.

— Мы дроворолы из Лесного прикола, — ответили они все разом и поклонились Варе в пояс.

— Не бранись, хозяюшка, что на твоём дворе пилим. Подрядились мы со здешней жужелицей заготовить ей на зиму дрова, вот и стараемся.

— Ну что ж, — сказала Варя ласково, — старайтесь, сколько вам требуется. Мне сухой хвои не жалко. А дед Прохор у меня глуховатый и слепенький, он ничего не узнает.

— Вот правильно! – ответил седой мужичок, вытащил из-за пазухи за тесёмку высохший гриб-пылевик, отсыпал из него в трубку грибного мелкого табачку и закурил. – Ежели тебе, внучка, по хозяйству чего-нибудь требуется, мы мигом сделаем. У нас артель. Берём мы недорого.

— А сколько? – спросила Варя и присела на корточки, чтобы и самой легче было мужичков разглядеть да чтобы и мужичкам не надо было задирать головы, глядя на Варю.

— Это смотря по работе, — охотно ответил рыжий мужичок – Вот, скажем, требуется тебе забить в брёвнах ходы, что прогрызли жуки-дровосеки. И тех жучков наглухо замуровать, чтобы они не точили избу, — это одна цена. Это работа затруднительная.

— А чем затруднительная?

— Как – чем? Все ходы жучиные надо облазить да залепить их замазкой. Бывают такие ходы, что не продерёшься. Весь армяк изорвёшь, взмокнешь. Шут с ней, с такой работой! За неё надо брать по два ореха на каждого.

— Два не два, а полтора ореха – верная цена! – примирительно заметил седой мужичок. – Мы, внучка, можем, к примеру, залезть в ходики, почистить всю механику наждаком и протереть тряпицей. За это мы, конечно, берём по соглашению – копеек пять, а то и все шесть.

— Что там не говори, — рассердился рыжий мужичок, — а нет хуже, как собирать муравьиные яйца. Залезешь в муравейник, елозишь там, труха в нос бьёт, а муравьи тебя так и жгут! Так и жгут! Иной как вцепится – не отдерёшь!

— А зачем их собирают, муравьиные яйца? – спросила Варя.

— Соловьиная пища. Мы их в город отправляем. На продажу.

— У меня, мужички, — сказала Варя, — работа есть, только не знаю, как вы с ней справитесь. Надо бы собрать паучью паутину, самую крепкую, шелковистую, промыть её в дождевой воде, высушить на ночном ветру, пока не погасла утренняя звезда, ссучить из той паутины пряжу на медной прялке и сплесть из той пряжи поясок. И запрясть в него золотой волос.

— Какой волос? – удивились мужички.

— Вы покурите, а я вам объясню.

Мужички прислонили звонкие пилы к сосновой шишке, сели на сломанную веточку, как на бревно, вытащили кисеты, трубочки, откашлялись, закурили, приготовились слушать.

И рассказала им Варя, как шла она из соседней деревни домой, несла баранки деду Прохору. И встретились ей в лесу два воробья. Они прыгали по осине, наскакивали друг на друга, да так лихо, что с веток дождём сыпались красные листья. Из норы под осиной высунулась лесная мышь, заругалась на воробьёв: «Ах вы, говорит, разбойники! Что же это вы раньше времени сухой лист с дерев обиваете! Совести у вас нисколько нету!»

— Это верно! – заметил мужичок с бородой вроде как пакля. – Лесная мышь палого листа не любит. Как пойдёт по лесам листопад, она из норы не выходит. Сидит трясётся.

— Это как понимать? – спросил рыжий мужичок. – Чего ты плетёшь?

— Мышь-то по земле бегает? Ай нет?

— Ну, бегает.

— А ворон или, скажем, коршун над лесом кружит и её караулит. Чтобы схватить и унести. Караулит, ай нет?

— Ну, караулит.

— Вот и соображай. Летом мышь в траве хоронится, её не видать. А осенью бежит она по сухому листу. Лист трещит, шуршит, шевелится, — её, эту мышь, издали видно. Уж на что ворона дура и та её сразу изловит. Выходит, значит, что мыши для безопасности надо в норе сидеть, пока не присыплет землю снегом. Она тогда под снегом тропки себе пророет и опять бегает взад-вперёд. Никакой глаз её не приметит.

— То-то! – сказал седой мужичок. – У всякого зверя своё соображение. Так, говоришь, внуча, крепко дрались те воробьи?

— Прямо ужас как дрались! – вздохнула Варя. – Рвут друг у друга из клюва золотой волосок. А я всё гляжу. Упал он на пенёк и зазвенел. Схватила я тот волосок, сунула за пазуху – и ну бежать! Прибегла домой, а дед Прохор и говорит: «Это волосок особенный. За нашими, говорит, пущами да озёрами находится, говорит, дальний край. В том краю вот уже второй год зимы, весны и лета не было, а стоит одна осень. Весь год там, говорит, лес стоит облетелый, чёрный, и что ни день, то льют ненастные дожди. Живёт в той стране, говорит, девушка, по имени Маша, с золотыми косами. Заперта она в горнице, и сторожат её три волка с пугачами и двадцать два барсука с вострыми казацкими пиками. Это, говорит, её волос попал к тебе в руки. И с тем волосом, ежели вплести его в поясок, можно свершить такие чудеса, что и во сне не приснятся».

Кто-то хихикнул у Вари за спиной. Варя обернулась и увидела старую толстую жужелицу. Она пищала от смеха и вытирала лапкой слезящиеся глаза.

— Ты чего смеёшься? — рассердилась Варя. — Ай не веришь мне?

Жужелица перевела дух, перестала смеяться.

— Уж истинно говорят, что старый дурее, чем малый. Чего только твой дед не выдумает. Помирать ему время, а у него на уме одно баловство.

— Дед Прохор зря говорить не станет, — ответила Варя. — Ты не вправе на деда ругаться.

— А ты вправе, — зашипела жужелица, — пильщикам моим памороки забивать своими побасками! Ишь расселись, уши развесили! Я им плачу подённо по три ячменных зерна на душу, а они тут разговорами прохлаждаются! Нашлись господа!

— Как три зерна?! — закричал рыжий мужичок. — Мы рядились за четыре. Это, братцы, обман! На это мы не согласные!

— Не согласные! — закричали все мужички.

— Подумаешь, какие самостоятельные! — пропищала жужелица. — От горшка три вершка, в дождь все четверо под одним грибом прячетесь, а шумите, будто полномерные мужики.

— Ох, старуха! — покачал головой седой мужичок. — Небось каждый день молишься, поклоны перед иконой бьёшь, а пот с рабочих людей выжимаешь.

Рыжий мужичок сплюнул, сорвал в сердцах шапку, швырнул её на землю, засучил рукава армячка и подступил к жужелице.

— Уйди, — сказал он, — покеда я не тряханул тебя по-своему! Сквалыга!

— Это ты-то?

— Я-то!

— Меня? Жужелицу?

— А то кого же!

— Ты, брат, смотри!

— Ты сама смотри! Уйдёшь? Ай нет?

— Ну, ну, не замахивайся!

Жужелица пискнула от злости и побежала к старому пню – там у неё была нора. На бегу она обернулась, крикнула:

— Я вам этого не забуду! Раскаетесь!

— Сама себе дрова пили за три ячменных зерна. Богомолка!

Седой мужичок только покачал головой.

— Вот мы с жужелицей и разругались. Значит, свободно с тобой можем рядиться, внуча.

Рассказывай, в чём твоё дело.

— А мне что рассказывать! – заспешила Варя. – Дед Прохор говорит, что крепко голодует народ в той стране.

— Известно! – согласился мужичок с чёрной бородой. – Как не голодовать! Всё помокло, погнило. А новое не родится.

— Палым листом тоже несладко питаться, — добавил рыжий мужичок.

— Вот беда! – вздохнул мужичок с бородой вроде как пакля. – Пропадают, значит, людишки!

— Ох и пропадают! – вздохнула Варя. — Ох и пропадают, дяденька! Как капустные черви. А всё почему? Потому что тамошние мужики вольные да справедливые. Пришёл к ним из соседней заморской страны властелин. Рыжий, злой, гугнивый. И глаз у него от винища красный. Пришёл со своим поганым войском. И хотел взять тех мужиков под свою руку. А они не поддались. Тогда властелин этот самый осерчал ужасно, разругался, растопался. «Я, кричит, вас уморю!» А в той стране в ту пору гостила осень. С виду она вроде как наша деревенская девушка, и зовут её Машей. Волосы у неё золотые-золотые, и ходит она в безрукавке на беличьем меху. Время уже шло к зиме, пора было осени уходить в другие страны, пора было уступить место старухе зиме, да не тут-то было! Приказал властелин своей страже схватить Машу, никуда не выпускать из

16

той страны и запереть её в крепкой избе на долгие годы. «Пусть, говорит, этот строптивый народ поживёт у меня без зимы, весны и лета, без произрастания хлебов да без урожая. Небось, говорит, через два-три года смирятся, станут мне в ноги кланяться, прощения просить».

— Та-ак! — пробормотал седой старичок. — Значит, в темнице она, осень.

— Освободить её надо, — Сказала Варя.

— Это мы и без тебя понимаем! — закричал рыжий мужичок. — Ослобонить! Какая шустрая нашлась! Вот ты сама пойди и ослобони. Только как?

— Дед Прохор сказал, что надо бы сплесть из паутины поясок с золотым волосом и доставить его Маше. Как она его наденет, тут же волки падут на землю, издохнут, а барсуки друг дружку пиками переколют. Вот я и надумала: не взялась бы ваша артель за это дело? Уж очень вы неприметные. Вам даже во вьюшку влезть ничего не стоит.

Седой мужичок встал, снял шапку, спросил:

— Ну что ж, артель? Соглашаемся?

— Соглашаемся! — закричали все мужички.

— На своих харчах?

— На своих.

— Тогда передохнём малость, заправимся и пойдём.

Варя провела мужичков в пустой улей, валявшийся позади избы, и для первого дня принесла туда хозяйский полдник — горсть жареного овса и кусочек творогу. Мужички сытно, не торопясь, поели, потом разулись, улеглись поспать перед трудным делом. Укрылись армячками и так захрапели, что даже шмели притихли и начали слушать: что это за гуд такой несётся из улья? Уж не враг ли какой туда забрался и точит на оселке сосновые иглы, чтобы теми иглами с ними, со шмелями, биться?

Шмели послушали-послушали и полетели в сосновый бор прятаться на всякий случай в трухлявые пни.

Вечером, когда дед Прохор уснул, мужички смотали паутину, что висела в амбаре и в сенцах, промыли её в бадейке с дождевой водой, просушили на ветру, пока не погасла на рассветном небе утренняя звезда, ссучили из той паутины пряжу на медной прялке и сплели поясок. И пропустили через него золотой волос.

— Испытать бы надо поясок, — сказали мужички Варе. — Чтобы конфуза не получилось.

— Ой, мужички! — испугалась Варя. — Да как же его испытаешь! Дед Прохор говорит, что в наших человечьих руках тот поясок только два чуда может сделать, не более. Потом он силу теряет. А в Машиных руках он опять силу наберёт и всё сделает.

— А нам от него много не требуется, — ответили мужички. — В осенний край самый близкий путь через Великое болото. Да сама знаешь, там не пройдёшь. Кругом трясины. Они даже нашего брата засасывают, хотя и весу в нас всего ничего. Ты дойди с нами до болота, попроси поясок, чтобы он мост для нас через то болото построил. Раз построит — значит, сила в нём есть. А не построит — значит, и силы в нём нету. И нечего тогда нам в тот осенний край соваться. Только Маше досадим и себя погубим.

— Ну, так и быть! — Согласилась Варя. — Пойдёмте!

Мужички туже затянули пояса, в последний раз покурили и пошли. Варя шла впереди, а мужички за ней следом, чтобы она, не ровён час, не наступила на кого-нибудь из них.

Мужички шагали шибко, только обходили кусты брусники да ныряли под папоротники.

На самой заре подошли к болоту. Варя вынула поясок, повязалась им, попросила:

— Поясок, милый дружок, построй через болото мосток!

Не успела она сказать эти слова, как вынырнули из ржавой воды зелёные лягушата. Было их великое множество, — может быть, тысяча, а то и все три.

Лягушата растянулись цепью через болото, прижались друг к дружке, подставили спинки и кричат:

— Шагайте, мужички, смело! Мы вас не утопим!

— Ну что ж! — сказали Варе мужички. — Мы, пожалуй, пойдём. А тебе придётся тут дожидаться. Давай нам поясок и прощай!

Варя отдала мужичкам поясок, и они ушли, даже ни разу не оглянулись. Да куда там оглядываться, когда надо смотреть под ноги, чтобы не поскользнуться на мокром лягушонке и не ухнуть с головой в трясину.

Мужички ушли, а Варя осталась. Ждала она мужичков до вечера, а их всё нет и нет. Варя испугалась: уж не пропали ли мужички, не нарвались ли они на волков да барсуков и те их всех до одного перекололи?

Варя подумала-подумала, и рассказала деду Прохору всё, что случилось.

— Эх ты, глупенькая! - сказал дед Прохор. – Да нешто твои мужички с еловую шишку с таким делом сладят? Они же махонькие, маломерные. Заместо силы у них одна незаметность. Наверняка стража их поймала. Пропали тогда эти отчаянные мужички, да и Маше худо придётся.

— Что же делать, дедушка? – испуганно спросила Варя.

— Народ созывать, — ответил дед. - Всем миром надо собраться и идти выручать твоих мужичков и Машу. Беги скликай людей на выгон. С вилами, с косами, с дрекольем, а у кого есть, так и с дробовиками.

— Сейчас, дедушка! – крикнула Варя и выскочила из избы.

А с мужичками случилось вот что: когда взошло солнце и стали таять-редеть туманы, дошли, наконец, мужички до осеннего края, остановились на песчаном бугре, долго глядели вокруг и только вздыхали, — не приходилось им на своём веку видеть такую страну.

День, как на грех, выдался погожий, и до самого края земли стояли жёлтые леса и шелестели посохшей листвой.

Все леса были запутаны паутиной, и на той паутине висела роса.

Мужички попили росы. Каждому хватало по две капли, только рыжий выпил все три. Потом они вытерли усы, крякнули: ну и вкусна же вода! Да и то сказать, — роса легла ночью, а ночь была по-осеннему холодная, ясная, переливалась звёздами, дышала повялыми травами, и потому в каждой росинке был запрятан ночной холодок, запах травы и тихий блеск, будто отражение небесной звезды.

По всему было видно, что осень в этом краю затяжная, тяжёлая. На полянах ветер намёл столько гнилой листвы, что мужички проваливались в неё с головой – идти было почти невозможно. Поля стояли бурые, пустые, а в деревнях редко-редко струился к небу дымок из печей.

— Видать, что и варить здешним людям уже нечего, — тихо переговаривались мужички. – Всё начисто проели. Сколько деревень мы прошли по задам, а ни разу не слыхали, чтобы корова замычала или даже петух покричал. Будто вымерло всё. Дай ему волю, этому подлому властелину, он наверняка всю землю опустошит, род людской пустит по миру.

Мужички шли, конечно, с опаской. Чуть кого-нибудь заметят – тотчас прячутся. Больше хоронились они в следы от лошадиных копыт.

Чем дальше шли мужички, тем темнее делалась осень. В лесах было холодно, тихо под тучами, и красный лист, что ещё не всюду осыпался, висел понуро на мшистых ветвях.

Шли мужички через лес, как, откуда ни возьмись, ударил вдруг страшный ветер, сорвал всю листву, закружил её и понёс проливнем. И стал задувать всё сильнее, всё крепче, покуда не поднял мужичков на воздух и не понёс вместе с листьями обратно к Великому болоту. Мужички испугались, летят, хватаются за ветки. Да разве удержишься при таком напоре!

Рыжий мужичок на лету перевернулся несколько раз, закричал:

— Это, братцы, неспроста! Ветер наслал на нас властелин, чтобы отшибить нас обратно, нам воспрепятствовать.

— Откуда же он дознался про нас? – прокричал мужичок с чёрной бородой.

— Жужелица наябедничала, заслала к нему своих приживалок. Они бегают шибче нас.

— Ой, дружки! – закричал мужичок с бородой вроде как пакля. – Несёт нас в болото. Утопимся! Дед, у тебя поясок с золотым волоском. Попроси его. Может, спасёт нас.

Седой мужичок торопливо вытащил из кармана поясок, опоясался им, крикнул:

— Поясок, будь дружок, прекрати ветерок!

— Стой! Не так просишь! – сердито закричал рыжий. – Это с какой же стати нам опять с Великого болота переться, ноги уродовать? Ты проси, чтобы ветер повернул обратно и нас до самой Маши донёс.

Седой мужичок сообразил, закричал наново:

— Поясок, будь дружок, поверни ветерок! Пусть донесёт нас до самых Машиных ног!

И тут ветер завыл, загудел, начал на полном бегу заворачивать, вздул к небу столько листьев, что понеслись они над землёй, как красная туча, застили небо.

Теперь летят уже мужички куда надо, но только на душе у них всё равно беспокойно. Надеялись они, что поясок поможет им волков и барсуков победить, да вышло не так. Два чуда – с лягушатами и ветром – поясок уже сделал, а третьего не сделает – силу свою он уже потерял. Теперь только Маша может пояску силу эту вернуть. Придётся, значит, с Машиной стражей биться им, мужичкам, не на живот, а на смерть.

Летят наши мужички, вниз поглядывают, а там проносятся леса, озёра, деревни, и видно, как народ выбегает из домов и дивится на листвянные красные тучи.

Вскоре заблестела за лесом тесовая крыша, ветер стал затихать и опустил мужичков на поляну около чёрного частокола.

Сидят мужички, одурели от полёта, а лист, как только ветер затих, так всё и сыплется на них, всё сыплется и вскоре всех их засыпал, прикрыл. Тепло под этим листом и безопасно.

Мужички отдышались и стали соображать, как им ловчее через частокол перелезть и стражу обмануть. Потому что как не крути, а драться им теперь было не с руки. Драку надо было оттянуть на самый худой конец.

Сидят они, рассуждают всю ночь, а к утру слышат – кто-то ходит по сухому листу, гребёт его, будто ищет чего-то. Переглянулись мужички, а рыжий шепчет:

— Слыхали? Это нас ищут.

— Чего же делать? – спрашивают мужички.

— Я изо всех вас, — тихо отвечает рыжий, — самый отчаянный. Мне всё нипочём!

— Это верно! – согласились мужички. – Отчаянности в тебе много.

— И опять же, вёрткий я человек, горячий. И удар у меня очень даже сильный. Я как возьму топор, так за один мах ячменный стебель перерубаю. А вы пять минут бьёте, покуда тот стебель осилите.

— Ну что ж, – вздохнули мужички. – и это, брат, верно.

— А потому, — важно сказал рыжий мужичок, — тот поясок вы отдайте мне. В случае чего, я один отобьюсь от всех волков да барсуков.

— Эх, Митрий! – вздохнул седой мужичок. – Стар я стал, ослаб, а то бы нипочём тебе того пояска не отдал. Да ещё бы и оттаскал тебя за бороду за бахвальство твоё. Бери поясок.

Рыжий взял поясок, свернул, засунул за пазуху. В тот же миг над головой у мужичков листья зашумели и просунулась к мужичкам петушиная голова. Глаз у петуха был злой, круглый, а голос сиплый – видно, что нрав у петуха сварливый, грубый. Лучше с таким петухом не связываться.

— Что за жуки? – спросил петух. – Я таких сроду не видывал. И не склёвывал. Это очень даже мне интересно!

Мужички схватились было бежать, но петух быстро разгрёб лапами листья, и седой мужичок вместе с чёрным и с тем что отпустил себе бороду вроде как пакля, подвернулись под петушиные лапы, полетели в пыль, а рыжего мужичка петух так долбанул по спине, что тот только охнул.

Петух схватил его за армячок, зажал в клюве, помчался размашистым бегом к частоколу, протиснулся в дыру между брёвен, пробежал через двор – и прямо в горницу к Маше, чтобы там на свободе непонятного жука с рыжей бородой заклевать.

«А то начнёшь клевать во дворе, — соображал петух, — тотчас привяжутся стражники – барсуки: что это, мол, за жук такой, да где ты его взял, да отдай его нам, да чего ты тут со своим жуком мусоришь, да так его клювом долбишь, что начальника нашего караула, волка, по имени Клык, разбудишь, и нам за то нагорит».

Через двор мимо стражи петух пробежал, конечно, рысью,

а в горницу к Маше вошёл важно: подымет одну лапу, постоит, шагнёт, подымет другую лапу, опять постоит… Петух был с Машей обходительный – она каждый день кормила его крошками.

Кинул петух рыжего мужичка на пол, только собрался клюнуть его покрепче, как рыжий мужичок вскочил, кинулся к Маше:

— Спаси меня, красавица!

— Да ты кто? – испугалась Маша.

— Да я вроде как твой спаситель, — поспешно ответил рыжий мужичок, схватился за подол Машиного платья, а сам на петуха озирается.

А петух глядит на него одним глазом и сбоку подходит.

Маша топнула на петуха ногой, петух взлетел в оконце, забил крыльями, заорал, сорвался во двор и тотчас начал болтать с барсуками, рассказывать им, как он, петух, опростоволосился – чуть не склевал человека.

Барсуки встревожились, кинулись будить волка, по имени Клык, да было уже поздно.

Рыжий вытащил из-за пазухи поясок, сунул его поскорей в руку Маше.

Она тотчас опоясалась этим пояском, и волки враз зарычали и тут же издохли, а барсуки бросились было спасаться, да сбились в кучу около калитки, потому что каждому, конечно, хотелось пролезть в неё первым.

Затолкались барсуки, заругались и начали драться. И перекололи друг друга вострыми казацкими пиками.

Маша подняла рыжего мужичка с пола, посадила себе на ладонь, и он ей всё рассказал – и про Варю, и про своих товарищей по артели, и про то, как подрядились они с Варей освободить Машу-осень от властелина и воротить людям зиму, весну и лето, чтобы снова начала родить земля богатые урожаи.

Маша приказала рыжему мужичку позвать всех остальных, чтобы попили чайку, отдохнули. Рыжий вышел на крылечко, крикнул:

— Эй вы, маломощные! Ступайте сюда перед светлыепресветлые очи Маши-красавицы! Она вас чайком желает угостить и даст каждому по сто маковых зёрен с мелким сахаром.

Так оно и было. Мужички пришли в горницу, Маша усадила их за стол, угостила чем обещала, а мужички проглядели на неё все глаза: уж больно хороша была Маша – косы отливают таким золотом, что от них светится вся горница, глаза синие, будто небеса над ржаными полями, голос говорливый, как ручей, и вся она тоненькая, как травинка.

— А не принёс бы тебя, рыженького, петух в клюве, — спросила Маша, — чего бы вы делали?

Мужички разом встали, поклонились в пояс Маше, ответили:

— Бились бы за тебя со стражей, милая, до последнего издыхания. Потому что, пока ты в заточении, народу не жизнь, а одно горе горькое и лютая смерть.

— Ну что ж, — сказала Маша, — теперь я свободная, и надо мне поскорей уходить, дать место зиме.

— Это верно, — согласились мужички. – Спасибо тебе за чай, за ласку. А мы уж пойдём.

— Куда так скоро?

— Нам нельзя. Работа не ждёт. Подрядились мы ещё летом с нашим крестьянским обществом всё зерно, что полевые мыши уворовали да попрятали у себя в норах, у тех мышей отобрать и вернуть по назначению. А это работа тяжёлая: в каждой норе скандал, а то, бывает, и драка.

— Ну, если так, то идите. Спасибо вам и Варе великое. От себя и от людей.

— Не стоит вашей благодарности, — ответили мужички. – Будьте благополучны, красота вашей чести!

Мужички откланялись и ушли. Не успели они отойти и триста шагов, как небо затянулось тучами и из тех тёмных туч посыпался снег.

Что ни час, то снег делался всё гуще, обильнее, тяжелее. Сквозь него уже плохо стало видно дорогу. Всё побелело вокруг, только лес ещё горел кое-где над снегами последними золотыми листочками.

Мужичкам стало холодно. Зашагали они быстрее, а на самой границе осеннего края увидели вдалеке большую толпу людей. Люди шли с косами, с вилами, с топорами, со всяким дрекольем, а иные держали наготове старые дробовики из воронёной стали.

Впереди толпы мужички увидели Варю. Узнали они её по румянцу на щеках и по красному платочку, накинутому на голову.

Остановились мужички, сняли шапки перед обществом, поклонились ему в пояс.

— Благодарение за подмогу. Только мы и сами справились, ослобонили Машу-осень из заточения.

Все люди тоже сняли шапки, ответно поблагодарили и поздравили мужичков с еловую шишку с полным успехом и стали зазывать их по избам – погреться и выкушать чем бог послал.

В каждой избе мужичков привечали и угощали то калёными орешками, то пдсолнушками, то маком, то изюмом. А в одной избе мужички даже выпили по напёрстку вина и закусили его мочёной брусникой.

Варя дала им напоследок махорки, и мужички, сытые и пьяные, пошли в лес, где они обитали в старом тёплом дупле, — отдохнуть перед новой работой.

Они шли, оглядывались, кланялись, а Варя махала им вслед варежкой и кричала:

— Спасибо вам, милые!

А с неба уже валил такой снег, что было трудно дышать. Отдышаться от такого снега можно было только под старыми елями. Но мужички и не думали прятаться от снега. Они шли обнявшись, покачиваясь, и пели на радостях во весь голос любимую свою песню:

Вот мчится тройка почтовая
Вдоль по дорожке столбовой.
И колокольчик – дар Валдая –
Гудит уныло под дугой…

Варя смотрела им вслед и слушала звонкую песню, что затихала за пеленой густого ласкового снега.

Бабушкин сад

С тех пор как отец Маши Никита ушел на войну, в старом саду около бабушкиного дома дорожки и грядки позарастали крепкими лопухами и укропом, а крапива встала такой густой стеной и так жглась, что Маша боялась к ней подойти.

Бабушка Серафима только вздыхала, – где уж ей, старой, справиться с такими непокорными травами, деревьями и кустами!

В непролазной траве весь день копошились и гудели шмели. Иногда они вырывались из травы, с размаху налетали на Машу, с треском ударяли в лицо и со звоном подымались вверх, выше скворечни, – радовались, что напугали Машу. Но радовались они напрасно – в вышине, где всегда летал пух от одуванчиков, шмелям приходил конец. Там их хватали на лету ловкие скворцы и тут же проглатывали. И ни один скворец даже не поперхнулся, хотя шмели были страшно мохнатые.

В бочке с дождевой водой у крыльца поселилась лягушка. Раньше из бочки брали воду поливать цветы, но теперь никто ее не брал, и вода была застоявшаяся – теплая и зеленая. Маша любила смотреть, как в этой воде шныряли какие-то водяные существа. Они были похожи на булавки с черными стеклянными головками. Такие булавки были воткнуты над бабушкиной кроватью в ковер.

Лягушка вылезала из бочки только вечером и сидела, отдуваясь, около крыльца, посматривала на скворцов. Она их боялась.

Скворцы постоянно дрались с галками, а успокоившись, рассаживались на ветвях вековой липы и начинали изображать пулеметный бой. От этого не только у лягушки, привыкшей к водяной своей тишине, но даже у бабушки разбаливалась голова. Бабушка выходила на крыльцо, стыдила скворцов, махала на них полотенцем.

Тогда скворцы перебирались повыше и, помолчав, начинали показывать, как дровосеки с натугой пилят деревья, – это было еще хуже, чем пулеметный бой.

Лягушка боялась еще квакши – маленького древесного лягушонка с пухлыми лапками. Он сидел на ветке, таращил глаза и молчал. Кричал он редко, только перед дождем. Тогда все в саду замолкало, и было слышно, как далеко за лесом погромыхивает небо.

Рыжий пес Буйный залезал в будку, долго вертелся, уминал сено, вздыхал с огорчением – дождь был ему совершенно ненужен. Буйный был очень застенчивый пес. При виде посторонних он тотчас лез в отдушину под домом, и оттуда его нельзя было выманить никакими силами. На все уговоры он только вилял хвостом и все дальше отползал в темноту.

Потом к бабушкиному саду стали подходить немцы. Тогда пришел глухой старик Семен и выкопал в саду, за сиренью, большую яму.

Семен копал, ругался на немцев, говорил Маше: «Чем глядеть, как я себе плюю на руки, яму копаю, ты бы пошла помогла бабушке сундук уложить. Закопаем его, запрягу я завтра Чалого – и поедем в Пролысово». – «А потом?» – спрашивала Маша. «За Пролысово немец не пойдет, – отвечал Семен. – Там наши ребята стоят, дальше немцу пути не будет».

Семен окончил копать, пошел к колодцу, вытащил ведро воды, хотел напиться, но почему-то раздумал, позвал бабушку Серафиму, показал ей на ведро и сказал: «Гляди! Значит, и впрямь пора уходить».

Бабушка посмотрела на воду и покачала головой. Вода из колодца всегда была чистая, как стекло, а сейчас в ней плавали гнилушки, древесная труха и даже маленький гриб. Маша ничего не поняла. Бабушка Серафима объяснила ей, что ночью земля тряслась и в воду со стенок колодца нападало много всякого мусора. А раз земля тряслась – значит, где-то неподалеку шел бой.

Вечером Семен закопал сундук с бабушкиными вещами, шалями, старым будильником, фотографиями, серебряными ложками, и с самой любимой Машиной игрушкой – двумя большими деревянными петухами на дощечке. Один петух был черный, другой – красный, и оба они могли со стуком клевать зерно.

Наутро Семен приехал на Чалом, распряг его во дворе, привязал к телеге, пошел в комнаты – попрощаться с домом.

Но попрощаться ему не пришлось.

Мимо дома густо пошли наши бойцы – все в касках, пыльные, загорелые, веселые. Семен вынес к калитке ведро воды. Маша принесла кружку.

Бойцы останавливались, вытирали потные лица, пили и рассказывали, что немецкий фронт этой ночью прорван и немцы отходят, бросают пушки и автоматы и что теперь – очень свободно – можно выкопать обратно сундук и жить спокойно: нашу землю мы нипочем немцам не отдадим!

Бабушка Серафима все плакала, смотрела вслед бойцам на их выгоревшие, пыльные спины, крестила их, как когда-то крестила Машиного отца Никиту. Семен опять сердился, говорил: «Неправильное у вас понимание, Серафима Петровна. И от горя и от радости вы одинаково плачете. Никуда это, по-моему, не годится».

Потом над домом, над лесами начали летать самолеты. На них блестело солнце, и звон был такой, что шмели в саду перевернулись на спины и прикинулись мертвыми со страха, – Маша знала эту их шмелиную хитрость.

Скворцы собрались на самой верхушке липы, возились там, сбивали липовый цвет, задрав головы, смотрели на самолеты и перешептывались: «Да, да, наши! Да, да, наши!»

А на следующее утро во двор вошел боец с перевязанной рукой, сел на крылечке, снял каску и сказал:

– Разрешите передохнуть на солнышке раненому гвардейцу.

Бабушка позвала бойца в дом, к столу. Он прошел, осторожно гремя сапогами, по комнатам, и сразу же запахло хлебом, полынью и лекарством.

Боец все извинялся, что крошит на пол, – ему трудно было есть одной рукой.

Маша резала и подавала все, что надо, бойцу, а бабушка возилась с самоваром, достала темный мед в сотах, и боец, когда увидел мед, даже вздохнул всей грудью – ну, и благодатный же мед!

29

Буйный стоял за порогом, смущенно смотрел то на бойца, то на крошки на полу, но не решался подобрать эти крошки, думал, должно быть, что это будет невежливо по отношению к бойцу.

После еды боец поблагодарил, снова вышел на крылечко, сел, закурил махорку. Синий дым поплыл над садом. Десятки паучков, что висели вниз головой на липе на своих паутинках, глотнув махорочного дыма, испуганно побежали вверх, сматывая паутину. Скворцы замолкли, смотрели на бойца то слева, то справа, потом начали смеяться, щелкать, пустили пулеметную очередь.

Боец заглянул в бочку, увидел шустрых булавочных зверей и лягушку, усмехнулся и сказал:

– Ишь животные – шмыг да шмыг! А бочка у вас хорошая. Я сам и бондарь и ложечник из-под города Горького, с реки Ней.

– А что такое ложечник? – спросила Маша.

Тогда боец вынул из-за сапога деревянную ложку, показал Маше. От ложки пахло щами.

– Вот такие я ложки делаю, – сказал боец. – Режу из липы. А вот раскрашивать не могу. Раскрашивает их моя сестренка-трещотка, по имени Даша.

Бабушка жаловалась бойцу, что вот сад весь зарос, но боец этим не огорчился, а, наоборот, успокоил бабушку, сказал:

– Сад у вас даже очень приятный. Покуда ваш сын вернется с фронта, он, сад этот, пущай отдохнет. Земля и дерево тоже отдыхом нуждаются, скоплением сил.

На солнце было сонно, тепло. Из ступеньки на крылечке выступила липучая смола. Боец начал покачиваться, дремать. Бабушка хотела уложить его в комнате, на диване, но боец ни за что не согласился и попросил положить его, если возможно, на чердаке.

– Люблю спать на чердаках, – сказал он. – Иззябнешься, умаешься, а там сухо, от солнышка под крышей все нагрето, – в слуховое окошко ветер залетает. Благодать!

Маша провела бойца на чердак. Там было свалено сухое

сено. Боец постелил на него шинель, лег. Тотчас из-за печной трубы вылетели тонкие осы и начали кружиться над бойцом. Маша испугалась.

– Они вам спать не дадут, – сказала она. – Ужалят.

– Меня оса не тронет, – ответил боец, – потому что по случаю ранения от меня лекарственный запах. А чтобы скорее уснуть, у меня есть свой способ.

– Какой? – спросила Маша.

– Листья буду считать, – ответил боец. – Вон на той липе за слуховым окном. Насчитаю до ста и усну.

Маша попрощалась с бойцом и начала осторожно спускаться по скрипучей лестнице с чердака. В разбитое слуховое окно сладко тянуло отцветающей липой.

Когда Маша остановилась внизу у лестницы, на чердаке уже слышался тихий храп, и осы успокоились, улетели за свою печную трубу.

Маша вышла в сад, посмотрела на липу и засмеялась – разве можно сосчитать все ее листья! Ведь их тысячи тысяч, их так много, что даже солнце не может пробиться через их гущину. Смешной этот боец!

Воздух метро

Пожилой ученый работал всю ночь. Только на рассвете он захлопнул пожелтевшие книги и постучал в стену к соседу. Сосед-писатель тоже не спал. Он писал книгу о своем времени, рвал написанное и жаловался, что ничего не выходит. Ему казалось, что он потерял чувство времени. Ученый удивлялся. Он был уверен, что каждый день, если уметь видеть и обобщать, говорит о новизне эпохи.

– Вы попросту устали, – говорил ученый. – Когда я очень устаю, я еду в метро первым поездом, на рассвете.

Сегодня они сговорились ехать вместе.

Туманные огни плыли и преломлялись в глубине мраморных стен. Камень жил: в нем отражались целые миры тихого блеска и неуловимых узоров, напоминающих морозные узоры на стеклах. Белизна стен казалась снежной, и удивительный воздух ровной струей шел из тоннелей и как будто усиливал свет ламп: так он был чист и свеж.

– Можно подумать, что рядом море, – сказал писатель и улыбнулся.

В ответ ему улыбнулась девушка, сидевшая в нише у мраморного пилона. Она была в синем лыжном костюме. Лампочки, как пушистые солнца, отражались в изгибах ее натертых до блеска лыж и в се веселых глазах.

Девушка казалась очень маленькой среди мощных архитектурных линий метро: высоких сводов, пилонов и стремительных, плавно уходящих вдаль тоннелей.

– Начинается, – сказал ворчливо ученый. – Еще не было случая, чтобы я не застал здесь девушек, которые ждут юношей, и юношей, поджидающих девушек.

– Им и карты в руки, – сказал писатель. – Ведь они строили метро.

– Я понимаю, – сердито ответил ученый. – Я понимаю, но все-таки каждый раз им завидую. Зависть – низменное чувство, но в данном случае я его не стыжусь.

Бесшумно подошел поезд, похожий на торпеду из стекла,

кожи и полированного дерева. Пассажиров почти не было… над головой нависала спящая Москва, затянутая зимним угрюмым дымом.

Против ученого и писателя села девушка с лыжами. Юноши не было, и это развеселило старика. Он говорил с писателем, но одобрительно поглядывал через очки на девушку, слушавшую его чуть приоткрыв рот.

– Недавно я перечитал один исторический роман, – сказал писатель. – Мне запомнилась почему-то фраза: «Мужик лениво выкапывал пешней замерзший труп стрельца». И мне показалось, что это происходит где-то на берегах Неглинки.

– Вот именно, – согласился ученый. – История Неглинки – это история замечательная. Была грязная река, заросшая по берегам вербами, текла она через деревянную и безалаберную Москву. В ней мочили кожи, купались, по ней плавали гуси и утки. В теперешнем Александровском саду стояла мельница, а в омуте около нее бездельные людишки удили окуней.

Екатерина хотела устроить на Неглинке, у Кузнецкого моста, водопад и поставить над ним свою статую, но из этого ничего не вышло.

По зимам на льду Неглинки бывали жестокие кулачные бои. Школяры греко-славянской академии сворачивали свинчатками хрящи студентам. В двенадцатом году наполеоновская гвардия мыла в Неглинке сапоги. В двадцатых годах прошлого века Неглинку загнали в подземную трубу. А сейчас мы едем под Неглинкой в этом блестящем вагоне.

– А нам, – неожиданно сказала девушка и смутилась, – а нам из-за этой Неглинки пришлось очень трудно: здесь плывуны. Постоянно прорывалась вода, крепления трещали как спички, перемычки сносило одним ударом. Бывало, работали по пояс в воде. Боялись мы этой Неглинки, но ничего, одолели.

– Вот видите! – укоризненно сказал ученый писателю. – Вот видите! Вы слепой человек.

– Что я должен видеть? Ученый пожал плечами:

– Да посмотрите вы на нее, наконец!

Писатель взглянул на девушку. Она засмеялась, и он

засмеялся, и неожиданно ощутил радость от стремительного хода поезда, льющейся за окнами реки огней, гула колес.

На Крымской площади они вышли. Серебряный свет снегов стоял над Парком культуры и отдыха. Кое-где еще горели прозрачные, острые огни.

Девушка побежала по реке на лыжах. Лыжи шуршали и звенели по насту. Девушка оглянулась и помахала на

Встреча

Крым резко делится на две части: западную – нарядную, полную блеска, листвы, и восточную – каменистую, сухую, где летом только маки цветут на сухой земле и неделями висят над горами сонные облака.

В восточном Крыму бывал я летом. Потом приехал туда в конце осени. Я начал писать повесть, и мне хотелось уйти на время от напряженной московской жизни.

В этих безлюдных местах я выбрал самое уединенное место – уцелевший после войны низенький дом над морем у подножия горы Карадаг. Дом стоял в трех километрах от ближайшего поселка. В нем жила пожилая женщина Настя с дочерью Любой.

– Да живите, где хотите, – сказала мне обрадованно Настя. – Дом пока что пустой. Мы вам поставим стол и табуретку. И тюфяк у меня есть лишний. Из морской травы. И печка здесь хорошая, целая. Живите! И нам будет веселее. А то зимой штормы такие тяжелые, что мы с Любой, бывает, до самого свету не можем заснуть. Хотя, если правду сказать, штормы нам на руку.

Настя с дочерью работали на берегу, в нескольких километрах от дома. Они заготовляли гравий для ремонта шоссе, сгребали его в большие кучи. Потом приходил грузовик и забирал гравий. Каждый новый шторм намывал свежие валы гравия.

Настя с Любой возвращались домой к сумеркам. А потом Люба еще долго сидела при лампочке над учебниками: она заочно готовилась к экзаменам за последний класс средней школы.

Муж Насти работал до войны на цементном заводе. Когда пришли немцы, кто-то донес на него, будто он держал связь с партизанами. Зимним утром немцы ворвались в дом, взяли Настиного мужа и повели к морю. Они заставили его раздеться, войти по пояс в ледяную воду и дали по нему очередь из автомата. Море тут же выбросило его труп. Настя похоронила мужа у берега. Могилу она завалила камнями и запутала колючей проволокой.

По утрам Настя и Люба брали лопаты и шли на берег. Я оставался один и работал. В свободное время я уходил к Карадагу по узкой и опасной тропе. Тропа шла над самым морем и приводила к маленькой бухте под отвесной скалой. Вершина ее всегда терялась в тучах. Тучи эти были рядом. Я хорошо видел, как они медленно клубились. Когда налетал ветер, тучи начинали метаться из стороны в сторону, разрывались на клочья и падали на берег. Иногда в лицо бил дождь.

Но в конце декабря наступило безветрие. Шторм стих ночью, а утром глубокая тишина и теплота уже расстилались над пустынными долами побережья.

В это первое тихое утро мальчишка принес мне с почты телеграмму. Меня вызывали в Москву.

Мне не хотелось уезжать, но, раз надо, пришлось смириться. В оставшиеся до отъезда два дня я решил отдохнуть, заняться рыбной ловлей.

Я тотчас начал налаживать «самолов» – длинный шнур с несколькими крючками и тяжелым грузилом на конце.

Я никогда зимой не ловил рыбу в море и решил попробовать, что из этого выйдет. Очень долго провозился с «самоловом», а когда пришел на берег, оставалось часа два до темноты.

Я раскинул над головой «самолов» и далеко закинул его в воду. Конец шнура намотал на палец, сел на холодную гальку и стал ждать. Слоистые облака разошлись и открыли полосу чистого неба.

«Самолов» сильно дернуло. Я начал быстро выбирать шнур и вытащил морского окуня. Он переливался всеми зелеными и синими красками, какие, должно быть, есть на земле.

– Вот и поймали! – сказала у меня за спиной Люба.

Я оглянулся. Люба стояла на маленьком камне, где едва помещались ее ноги. Она старалась удержаться на нем, но это было трудно. То одна, то другая нога соскальзывала с камня, и Люба смеялась.

Потом Люба соскочила с камня и села рядом со мной. Я вытащил второго окуня.

– Я мешать не буду, – сказала Люба. – Посижу тут немного и пойду. В Якорную бухту.

– Что ж так поздно? – спросил я.

– Луна скоро взойдет. Я не боюсь.

– А что там, в Якорной? – спросил я. – Что за дело такое срочное?

Люба улыбнулась и ничего не ответила. Я вытащил еще двух рыбок. Облака незаметно ушли в сторону Феодосии. На темнеющем небе проступили звезды. С каждой минутой свет делался ярче, и наконец одна звезда заиграла на самом краю моря и отразилась в спокойной воде.

– Да это не звезда, – сказала Люба. – Это теплоход идет на Ялту.

Она помолчала.

– Теплоход идет на Ялту, – повторила она и незаметно вздохнула. – Мне уезжать отсюда и хочется и не хочется. А уехать придется: надо же мне дальше учиться!

Она опять помолчала.

– Только маму жалко, – добавила она. – Мама отсюда ни за что не уедет. Привыкла. Да и отец тут похоронен. Мама у меня робкая. Я вас про многое хотела расспросить, да мама не позволяет, чтобы я вам мешала.

Люба встала, поправила волосы.

– Ну, что ж, я пойду, – сказала она неуверенно и замолчала, как будто ожидая, что я ей отвечу на это.

Я молча стал сматывать «самолов». Он, конечно, запутался.

– Вы были в Якорной? – спросила Люба, взяла «самолов» и стала его распутывать. – Погодите, не дергайте!

– Нет, не был. А что там, в Якорной бухте?

– Да ничего. Есть один старичок хороший…

– А чем он интересный, этот ваш старичок?

– Интересный, и все! – ответила Люба. – Я рассказывать не умею.

– Пойти мне с вами, что ли? – спросил я.

– Как хотите. Он, конечно, обрадуется. Я ему про вас рассказывала.

Дорога в Якорную шла среди невысоких гор. Луна еще не взошла, но какой-то неясный свет падал на землю и помогал нам идти. По левой руке тянулся кряж однообразных горбатых вершин. В темноте они напоминали окаменелый караван верблюдов. На одном из этих каменных верблюжьих горбов много лет назад был похоронен известный поэт, уроженец этих мест. Я сказал об этом Любе.

– Я знаю, – ответила она. – Только я его не читала. Не достала его книгу.

– А что вы читали?

– Я много читала. И все помню. Колючки какие – просто идти невозможно!

Она остановилась и оторвала от платья колючку.

– А что же вы запомнили лучше всего?

– Что? – переспросила Люба. – Одни слова я запомнила. А чьи они, так это я позабыла.

– Какие слова?

– Да как-то их трудно даже вам рассказать. Неловко. Ну, ладно! Есть такие слова: «Человек создан для счастья, как птица для полета»?

– Есть.

– Ну, вот. Про них я и говорю. Это правильно сказано? Как вы думаете?

– Правильно.

Я замолчал. Молчала и Люба. Ночь лежала над побережьем. И почему-то эта ночь показалась мне необыкновенной, тогда как, если разобраться, в ней не было ничего особенного. Я думал о поэте, о поэзии… Может быть, это чувство поэзии родилось и от ночи, и от того, что рядом со мной шла загорелая, обветренная, сероглазая девушка и несла с собой целый мир мыслей, чистоты, волнения и веселости. А у меня все это вызывало едва приметную, но законную грусть оттого, что эта девушка только что входит в жизнь; она остановилась на пороге «страны чудес», а я уже прошел по этой стране далекий и долгий путь, и мне бесконечно жаль, что я не могу пройти его снова и снова.

Потянулись кустарники, потом какой-то низкорослый лес, и, наконец, открылись редкие, но яркие огни поселка в Якорной бухте. Луна уже поднялась. При ее свете я посмотрел на часы – было еще рано, всего половина девятого.

Мы свернули с дороги, перелезли через низкую каменную изгородь, прошли через виноградник и остановились около беленного мелом дома. Свет падал сквозь щель ставни. В его полосе чернела ветка дерева с крупными, еще не облетевшими листьями.

– Здесь, – сказала Люба и постучала в ставню.

Дверь нам открыл низенький старик. Старик этот показался мне поначалу колючим, – может быть, потому, что щетина торчала белой щеткой на его суховатом лице, а может быть, потому, что глаза блестели остро и даже насмешливо.

В низкой комнате пахло вином.

– Вот, – сказала смущенно Люба, – я к вам по делу пришла, Петр Петрович. А это наш жилец, тот, про которого я говорила…

– Все правильно! – старик явно был рад нашему приходу. – А то я уже заскучал. Одиночество, знаете, – вещь полезная, но в маленьких дозах.

– Я винодел, – сказал старик, как только усадил меня в кожаное кресло, – и потому причисляю себя к служителям искусства. Виноделие – одно из самых древних искусств.

– Я давно хотел познакомиться с виноделием, – пробормотал я.

– Э-хе-хе! – старик постучал пальцами по столу. – С ним знакомиться нужно годами. Если бы вы были помоложе, я бы уговорил вас заняться этим делом. Не все же вам писать и писать. Обучил бы вас, как вот обучаю этому Любу. Виноделие! О нем поэмы надо писать! Вот, скажем, начали прибавлять к вину фосфор – и сразу же добились очень тонкого вкуса. От примеси железа вино, например, получает необыкновенно живой красный цвет. Есть у меня сухое винцо, правда, простое каберне, но мне удалось придать ему запах фиалки. При этом в нем много огня. Я открыл этот новый сорт вина путем сочетания разных веществ. Вот почему я считаю виноделие искусством.

– Пожалуй, что так, – согласился я.

– А как же! Каждое искусство требует преемственности. Преем-ственно-сти! Понимаете? Мастер должен передавать свое искусство ученикам. В любой области – и в вашей, писательской, и в моей, винодельческой.

Я не заметил, как на столе появилась бутылка вина, черного и густого.

– Я, – продолжал старик, – винодел. И из Любы я тоже сделаю винодела. На днях она уедет учиться в винодельческую школу. А когда вернется, я передам ей, как говорится, все свои «секреты» изготовления вина.

– Какая вы счастливая, Люба! – сказал я с грустью. – Я просто завидую вам.

– А я и сама рада, – ответила Люба. – Мне только маму жалко.

Обратный путь был неожиданно бурным. Ветер шумел в кустарниках, в горах, высвистывая на зубчатых вершинах свою беззаботную песню. Шум его мешал мне слушать старика. И, помню, мы все время боялись что-то уронить и разбить, но что, я не знаю, так как было темно и я по своей близорукости не мог разобрать, что это такое мы тащим с собой.

Старик довел нас до самого дома и ушел обратно.

Через день я уехал. Настя и Люба проводили меня в поселок, до пыльного автобуса. Когда я садился в автобус, Люба протянула мне маленький сверток.

– Это что?

– Это вам от Петра Петровича, – сказала Люба. – Бутылка его вина, того, про которое он вам рассказывал.

Только сейчас я понял, что, очевидно, эту бутылку мы так боялись разбить ночью.

– Да не от Петра Петровича это вам, – сказала, улыбаясь, Настя, – а от Любы. Она бегала тогда с вами за этим самым вином. Вам на дорогу.

Вечером теплоход, на котором я уезжал, отвалил от

феодосийской пристани. Как всегда во время зимнего рейса, на теплоходе почти не было пассажиров. Я стоял у борта и старался разглядеть знакомые берега. В далекой тьме угадывался Карадаг. Я увидел – мне это не могло показаться – слабый свет у самого края горы. Может быть, эго был свет из окна Любиной комнаты.

Я спустился в каюту, откупорил бутылку стариковского вина и выпил немного – всего один стакан. Выпил за эту кремнистую землю, за зимнее море, за новых моих друзей, но больше всего за то, чтобы мимолетная наша дружба стала такой же крепкой, как сок этого рубинового вина.

Грач в троллейбусе

Была еще та ранняя весна, когда о приближении тепла можно догадаться только по едва заметным признакам — по туману на московских улицах, по каплям этого тумана, стекающим с черных веток недавно посаженных лип, и по рыхлому ветру. От него оседает и становится ноздреватым снег. Но этот последний признак, пожалуй, к Москве не относится. Снег в Москве к концу марта остается только в некоторых дворах, а на теплом асфальте его уже давно нет. Зиму в Москве собирают машинами-конвейерами на самосвалы и вывозят без остатка за город.

Тот случай, о каком я хочу рассказать, произошел в троллейбусе номер пять.

Москвичи, как известно, в троллейбусах и автобусах разговаривают мало, а больше читают. И в том троллейбусе номер пять, который отошел от остановки на Театральном проезде, тоже было обычное настроение. Но вдруг кондукторша крикнула:

— Погодите! Что же это такое?

— Это грач, — испуганно сказала девочка лет восьми.

Грач сидел, угревшись, под пальто на груди у девочки и только на минуту высунул из-под пальто свой нос. Но этого было достаточно, чтобы бдительная кондукторша заметила в троллейбусе птицу, запрещенную к перевозке.

— Если его нельзя везти, так я слезу, — сказала девочка и покраснела.

— Что ты, дочка! — воскликнула кондукторша, перестала давать билеты и протиснулась к девочке. — Сиди, не беспокойся. Ой, какая птаха хорошая! Что это? Неужели грач?

Грач осмелел и выглянул. Кондукторша осторожно погладила его пальцем по точеной головке и засмеялась.

— Не бойтесь, он не кусается, — сказала девочка и вся засияла. — Он очень серьезный, но добрый.

— Какой же это грач, — сказал старик с картонной папкой, — когда это скворец.

— А вы, гражданин, если не знаете облика птиц, так не утверждайте, — ответил пожилой человек в форме железнодорожника.

— Где нам в Москве знать про птиц, — вздохнула старуха в платке. — Нам что грач, что скворец, что воробей или стриж — все равно.

Пассажиры начали вставать, тесниться около девочки. Каждый пытался погладить грача. Грач гладить себя давал, но посматривал на всех презрительно и высокомерно.

Сквозь толпу с трудом продирался от выходной двери назад плотный суровый генерал.

— Куда это вы, товарищ генерал, — заметил худой юноша без кепки, — против течения?

— А я к грачу, молодой человек, — ответил генерал и повторил внушительным голосом: — К гра-чу!

Генерал протискался к девочке, взял у нее грача, подержал его на ладони, как бы взвешивая, возвратил девочке и сказал:

— Куда же ты его везешь?

— В Зоопарк. Там я его выпущу.

— У нас на реке Сейме, — неожиданно сказал молоденький лейтенант и почтительно посмотрел на генерала, — настоящее пернатое царство. Грач, конечно, птица умная и самостоятельная, но голоса у нее нет. А у нас — соловьи. Мировые соловьи. Весной наш край по ночам весь поет.

— Вы про профессора Мантейфеля слышали? — спросил генерал лейтенанта.

— Так точно, слышал, товарищ генерал!

— Каждую птичью повадку знает. И может объяснить. Ну, а насчет всяких колен, пересвистов, перезвонов, трелей, чохов и всей прочей птичьей музыки нет такого другого знатока и любителя в Советском Союзе. Просто волшебный старик!

— Вы здесь сходите? — спросила генерала молодая женщина со смеющимися глазами. — Или остаетесь?

— Я на следующей остановке сойду, — ответил генерал, нисколько не смущаясь вопросом молодой женщины. — Подумаешь, важность — пройти два квартала обратно. Я, знаете, был свидетелем удивительной одной истории. Под

43

Ленинградом во время войны. Весной это было. Прилетели скворцы и вьются, кричат над своими скворечнями. А скворечни, как на грех, в пустой полосе между нами и фашистами. Так те открыли по скворцам огонь из автоматов. Их, видите ли, беспокоил крик скворцов. Нервные попались молодчики. Тогда не выдержало у наших сердце. «Ах так!» И открыли наши бойцы по фрицам такой огонь, что те мигом затихли.

— Вступились, значит, за скворцов, — сказала кондукторша. — Так я и подумала, как только вы начали рассказывать, товарищ генерал.

— А как же! Ведь скворец с древних времен сопутствует русскому человеку.

— Кондуктор! — крикнул сердитый голос. — Почему не даете билетов?

— Сейчас, — ответила недовольно кондукторша. Она все еще стояла около девочки и гладила грача по голове. — Сердца никакого нет у людей!

— А вы потише, гражданин, — сказала старуха недовольному пассажиру.

— Весна, значит, скоро, — вздохнул железнодорожник. — Черемуха зацветет. И полетят птицы над Россией, понесут свои песни.

— Ну, мне все-таки пора выходить, — сказал генерал. — До свидания, товарищи!

Все попрощались с генералом. Он вышел, чему-то улыбаясь, и так, улыбаясь, и пошел по улице к давно пропущенной остановке.

А пассажиры еще долго говорили о граче — предвестнике весны, о картине Саврасова «Грачи прилетели», о том, что Москва постепенно превращается в сад, где будет привольно всякой птице, и скоро весь город будет с утра до ночи звенеть от птичьего пения.

— Как это удивительно у нас получается, — сказал старик с картонной папкой. — Правительство заботится о благе людей, а от этого блага, глядишь, и перепадет кое-что даже певчим птахам.

— Так и должно получаться, — убежденно ответил худой юноша без кепки.

— Истинно так! — сказала старуха в платке. — Я это по себе знаю.

Но тут уже начинается другая история, которую я расскажу как-нибудь позже.

Желтый свет

Я проснулся серым утром. Комната была залита ровным желтым светом, будто от керосиновой лампы. Свет шел снизу, из окна, и ярче всего освещал бревенчатый потолок.

Странный свет – неяркий и неподвижный – был непохож на солнечный. Это светили осенние листья. За ветреную и долгую ночь сад сбросил сухую листву, она лежала шумными грудами на земле и распространяла тусклое сияние. От этого сияния лица людей казались загорелыми, а страницы книг на столе как будто покрылись слоем воска.

Так началась осень. Для меня она пришла сразу в это утро. До тех пор я ее почти не замечал: в саду еще не было запаха прелой листвы, вода в озерах не зеленела, и жгучий иней еще не лежал по утрам на дощатой крыше.

Осень пришла внезапно. Так приходит ощущение счастья от самых незаметных вещей – от далекого пароходного гудка на Оке или от случайной улыбки.

Осень пришла врасплох и завладела землей – садами и реками, лесами и воздухом, полями и птицами. Все сразу стало осенним.

В саду суетились синицы. Крик их был похож на звон разбитого стекла. Они висели вниз головами на ветках и заглядывали в окно из-под листьев клена.

Каждое утро в саду, как на острове, собирались перелетные птицы. Под свист, клекот и карканье в ветвях поднималась суматоха. Только днем в саду было тихо: беспокойные птицы улетали на юг.

Начался листопад. Листья падали дни и ночи. Они то косо летели по ветру, то отвесно ложились в сырую траву. Леса моросили дождем облетавшей листвы. Этот дождь шел неделями. Только к концу сентября перелески обнажились, и сквозь чащу деревьев стала видна синяя даль сжатых полей.

Тогда же старик Прохор, рыболов и корзинщик (в Солотче почти все старики делаются с возрастом корзинщиками), рассказал мне сказку об осени. До тех пор я эту сказку никогда не слышал,– должно быть, Прохор ее выдумал сам.

– Ты гляди кругом,– говорил мне Прохор, ковыряя шилом лапоть,– ты присматривайся, милый человек, чем каждая птица или, скажем, иная какая живность дышит. Гляди, объясняй. А то скажут: зря учился. К примеру, лист осенью слетает, а людям невдомек, что человек в этом деле – главный ответчик. Человек, скажем, выдумал порох. Враг его разорви вместе с тем порохом! Сам я тоже порохом баловался. В давние времена сковали деревенские кузнецы первое ружьишко, набили порохом, и попало то ружьишко дураку. Шел дурак лесом и увидел, как иволги летят под небесами, летят желтые веселые птицы и пересвистываются, зазывают гостей. Дурак ударил по ним из обоих стволов – и полетел золотой пух на землю, упал на леса, и леса посохли, пожухли и в одночасье опали. А иные листья, куда попала птичья кровь, покраснели и тоже осыпались. Небось видел в лесу – есть лист желтый и есть лист красный. До того времени вся птица зимовала у нас. Даже журавль и тот никуда не подавался. А леса и лето и зиму стояли в листьях, цветах и грибах. И снега на было. Не было зимы, говорю. Не было! Да на кой она ляд сдалась нам, зима, скажи на милость?! Какой с нее интерес? Убил дурак первую птицу – и загрустила земля. Начались с той поры листопады, и мокрая осень, и листобойные ветры, и зимы. И птица испугалась, от нас отлетает, обиделась на человека. Так-то, милый, выходит, что мы себе навредили, и надобно нам ничего не портить, а крепко беречь.

– Что беречь?

– Ну, скажем, птицу разную. Или лес. Или воду, чтобы прозрачность в ней была. Все, брат, береги, а то будешь землей швыряться и дошвыряешься до погибели.

Я изучал осень упорно и долго. Для того чтобы увидеть по-настоящему, надо убедить себя, что ты видишь это впервые в жизни. Так было и с осенью. Я уверил себя, что эта осень первая и последняя в моей жизни. Это помогло мне пристальнее всмотреться в нее и увидеть многое, чего я не

47

видел раньше, когда осени проходили, не оставляя никакого следа, кроме памяти о слякоти и мокрых московских крышах.

Я узнал, что осень смешала все чистые краски, какие существуют на земле, и нанесла их, как на холст, на далекие пространства земли и неба.

Я видел листву, не только золотую и пурпурную, но и алую, фиолетовую, коричневую, черную, серую и почти белую. Краски казались особенно мягкими из-за осенней мглы, неподвижно висевшей в воздухе. А когда шли дожди, мягкость красок сменялась блеском. Небо, покрытое облаками, все же давало достаточно света, чтобы мокрые леса могли загораться вдали, как багряные пожары. В сосновых чащах дрожали от холода березы, осыпанные сусальной позолотой. Эхо от ударов топора, далекое ауканье баб и ветер от крыльев пролетевшей птицы стряхивали эту листву. Вокруг стволов лежали широкие круги от палых листьев. Деревья начинали желтеть снизу: я видел осины, красные внизу и совсем еще зеленые на верхушках.

Однажды осенью я ехал на лодке по Прорве. Был полдень. Низкое солнце висело на юге. Его косой свет падал на темную воду и отражался от нее. Полосы солнечных отблесков от волн, поднятых веслами, мерно бежали по берегам, поднимаясь от воды и потухая в вершинах деревьев. Полосы света проникали в гущу трав и кустарников, и на одно мгновенье берега вспыхивали сотнями красок, будто солнечный луч ударял в россыпи разноцветной руды. Свет открывал то черные блестящие стебли травы с оранжевыми засохшими ягодами, то огненные шапки мухоморов, как будто забрызганные мелом, то слитки слежавшихся дубовых листьев и красные спинки божьих коровок.

Часто осенью я пристально следил за опадающими листьями, чтобы поймать ту незаметную долю секунды, когда лист отделяется от ветки и начинает падать на землю. Но это мне долго не удавалось. Я читал в старых книгах о том, как шуршат падающие листья, но я никогда не слышал этого звука. Если листья и шуршали, то только на земле, под ногами человека. Шорох листьев в воздухе казался мне таким же неправдоподобным, как рассказы о том, что весной слышно, как прорастает трава.

Я был, конечно, неправ. Нужно было время, чтобы слух, отупевший от скрежета городских улиц, мог отдохнуть и уловить очень чистые и точные звуки осенней земли.

Как-то поздним вечером я вышел в сад, к колодцу. Я поставил на сруб тусклый керосиновый фонарь «летучую мышь» и достал воды. В ведре плавали листья. Они были всюду. От них нигде нельзя было избавиться. Черный хлеб из пекарни приносили с прилипшими к нему мокрыми листьями. Ветер бросал горсти листьев на стол, на койку, на пол, на книги, а то дорожкам сада было трудно ходить: приходилось идти по листьям, как зо глубокому снегу. Листья мы находили в карманах своих дождевых плащей, в кепках, в волосах – всюду. Мы спали на них и насквозь пропитались их запахом.

Бывают осенние ночи, оглохшие и немые, когда безветрие стоит над черным лесистым краем, и только колотушка сторожа доносится с деревенской околицы.

Была как раз такая ночь. Фонарь освещал колодец, старый клен под забором и растрепанный ветром куст настурции на пожелтевшей клумбе.

Я посмотрел на клен и увидел, как осторожно и медленно отделился от ветки красный лист, вздрогнул, на одно мгновение остановился в воздухе и косо начал падать к моим ногам, чуть шелестя и качаясь. Впервые я услыхал шелест падающего листа – неясный звук, похожий на детский шепот.

Ночь стояла над притихшей землей. Разлив звездного блеска был ярок, почти нестерпим. Осенние созвездия блистали в ведре с водой и в маленьком оконце избы с такой же напряженной силой, как и на небе.

Созвездия Персея и Ориона проходили над землей свой медлительный путь, дрожали в воде озер, тускнели в зарослях, где дремали волки, и отражались на чешуе рыб, спавших на отмелях в Старице и Прорве.

К рассвету загорался зеленый Сириус. Его низкий огонь всегда запутывался в листве ив. Юпитер закатывался в лугах над черными стогами и сырыми дорогами, а Сатурн поднимался с другого края неба, из лесов, забытых и брошенных по осени человеком.

Звездная ночь проходила над землей, роняя холодные искры метеоров, в шелесте тростников, в терпком запахе осенней воды.

В конце осени я встретил на Прорве Прохора. Седой и косматый, обвяленный рыбьей чешуей, он сидел под кустами тальника и удил окуней.

На взгляд Прохору было лет сто, не меньше. Он улыбнулся беззубым ртом, вытащил из кошелки толстого очумелого окуня и похлопал его по жирному боку – похвастался добычей.

До вечера мы удили вместе, жевали черствый хлеб и вполголоса разговаривали о недавнем лесном пожаре.

Он начался около деревушки Лопухи, на поляне, где косари забыли костер. Дул суховей. Огонь быстро погнало на север. Он двигался со скоростью двадцати километров в час. Он гудел, как сотни самолетов, идущих бреющим полетом над землей.

В небе, затянутом дымом, солнце висело, как багровый паук на плотной седой паутине. Гарь разъедала глаза. Падал медленный дождь из золы. Он покрывал серым налетом речную воду. Иногда с неба слетали березовые листья, превращенные в пепел. Они рассыпались в пыль от малейшего прикосновения.

По ночам угрюмое зарево клубилось на востоке, по дворам тоскливо мычали коровы, ржали лошади, и на горизонте вспыхивали белые сигнальные ракеты – это красноармейские части, гасившие пожар, предупреждали друг друга о приближении огня.

Возвращались мы с Прорвы к вечеру. Солнце садилось за Окой. Между нами и солнцем лежала серебряная тусклая полоса. Это солнце отражалось в густой осенней паутине, покрывшей луга.

Днем паутина летала по воздуху, запутывалась в нескошенной траве, пряжей налипала на весла, на лица, на удилища, на рога коров. Она тянулась с одного берега Прорвы

50

на другой и медленно заплетала реку легкими и липкими сетями. По утрам на паутине оседала роса. Покрытые паутиной и росами ивы стояли под солнцем, как сказочные деревья, пересаженные в наши земли из далеких стран.

На каждой паутине сидел маленький паук. Он ткал паутину в то время, когда ветер нес его над землей. Он пролетал на паутине десятки километров. Это был перелет пауков, очень похожий на осенний перелет птиц. Но до сих пор никто не знает, зачем каждую осень летят пауки, покрывая землю своей тончайшей пряжей.

Дома я отмыл паутину с лица и затопил печь. Запах березового дыма смешивался с запахом можжевельника. Пел старый сверчок, и под полом ворошились мыши. Они стаскивали в свои норы богатые запасы – забытые сухари и огарки, сахар и окаменелые куски сыра.

Глубокой ночью я проснулся. Кричали вторые петухи, неподвижные звезды горели на привычных местах, и ветер осторожно шумел над садом, терпеливо дожидаясь рассвета.

Квакша

Жара стояла над землей уже целый месяц. Взрослые говорили, что эту жару видно «невооруженным глазом».

– Как это можно увидеть жару? – спрашивала всех Таня.

Тане было пять лет, и потому она каждый день узнавала от взрослых много новых вещей. Действительно, можно было поверить дяде Глебу, что «сколько ни проживешь на этом свете, хоть триста лет, а всего не узнаешь».

– Пойдем наверх, я тебе покажу жару, – сказал Глеб. – Откуда лучше видно.

Таня вскарабкалась по крутой лестнице на мезонин. Там было светло и душно от нагретой крыши. Ветки старого клена так упорно лезли в окна, что окна трудно было закрыть. Может быть, поэтому они все лето и простояли настежь.

На мезонине был балкон с резными перилами. Глеб показал Тане с балкона на луга за рекой и на дальний лес.

– Видишь желтый дым? Как от самовара. И весь воздух дрожит. Это и есть жара. Все можно заметить человеческим глазом. И жару, и холод, что хочешь.

– А холод – когда снег? – спросила Таня.

– Нет. Даже летом можно заметить. Вот будут прохладные дни, тогда я тебе покажу, как выглядит холод.

– А как?

– Небо вечером бывает зеленое, как мокрая трава. Холодное небо.

Пока же стояла жара, и больше всех от нее страдала маленькая лягушка. Она жила во дворе, под кустом бузины.

Двор так раскалялся от солнца, что все живое пряталось. Даже муравьи не решались выбегать днем из подземных своих муравейников, а терпеливо дожидались вечера. Только одни кузнечики не боялись жары. Чем горячее был день, тем выше они прыгали и громче трещали. Поймать их было невозможно, и лягушка начала голодать.

Однажды она нашла щель под дверью в каменный погреб и

с тех пор все дни просиживала, сонная, в погребе, на холодных кирпичных ступеньках.

Когда молоденькая работница Ариша спускалась в погреб за молоком, лягушка просыпалась, прыгала в сторону и пряталась за разбитый цветочный горшок. Ариша каждый раз пронзительно вскрикивала.

По вечерам лягушка вылезала во двор и осторожно пробиралась в тот угол, где на клумбе распускался к ночи табак и тесно росли кустистые астры. Цветы каждый вечер поливали из лейки, и потому на клумбе можно было дышать – от политой земли тянуло сыростью, а с пахучих белых цветов табака изредка падали на голову холодные капли.

Лягушка сидела в темноте, таращила глаза и ждала, когда люди перестанут ходить, разговаривать, звенеть стаканами, стучать медным стерженьком от рукомойника и наконец прикрутят лампы, задуют их, и дом сразу сделается темным и таинственным.

Тогда можно будет немного попрыгать по клумбе, пожевать листья астр, потрогать лапкой уснувшего шмеля, чтобы послушать, как он заворчит сквозь сон.

А потом прокашляются и закричат по всем дворам петухи и придет полночь самое хорошее время. Может быть, даже упадет роса и в мокрой траве заблестят звезды. Ночь будет тянуться долго, тихая и прохладная, и в лугах загудит нелюдимая птица выпь.

Бородатый Глеб был старым, опытным рыболовом. Каждый вечер он убирал со стола скатерть, осторожно высыпал из разных коробочек бронзовые золоченые крючки, круглые свинцовые грузила и прозрачные разноцветные лески и начинал чинить свои удочки. Тогда Тане не разрешалось подходить к столу, чтобы какой-нибудь «мушиный» крючок не впился ей в палец.

Когда Глеб чинил удочки, он всегда напевал одно и то же:

Сидел рыбак веселый
На берегу реки,

И перед ним по ветру
Качались поплавки.

Но в это лето Глебу пришлось туго: из-за засухи пропали черви. Даже самые шустрые мальчишки отказывались их копать.

Глеб пришел в отчаяние и написал на воротах дома огромными белыми буквами:

«ЗДЕСЬ ПРОИЗВОДИТСЯ СКУПКА ЧЕРВЕЙ ОТ НАСЕЛЕНИЯ».

Но это тоже не помогло. Прохожие останавливались, читали надпись, с восхищением качали головами: «Ну и хитрый же человек, чего написал!» – и шли дальше. А на второй день какой-то мальчишка приписал внизу такими же огромными буквами:

«В ОБМЕН НА КАРТОФЕЛЬНОЕ ВАРЕНЬЕ».

Пришлось стереть надпись.

Глеб начал ходить за три километра в овраг, где под кучами старых щепок можно было накопать за час десятка два червей.

Глеб их берег, будто эти черви были золотые: перекладывал сырым мхом, завязывал банку с червями марлей и держал ее в темном погребе.

Там-то их и отыскала маленькая лягушка. Она долго трудилась, пока стащила марлю, потом залезла в банку и начала есть червей. Она так увлеклась, что не заметила, как в погреб спустился Глеб, вытащил ее из банки за задние лапки и вынес во двор. Там Таня кормила злую подслеповатую курицу.

– Вот! – сказал Глеб грозным голосом. – Человек трудится в поте лица, чтобы нарыть хоть десяток червей, а нахальная лягушка бессовестно их ворует. И даже научилась развязывать марлю. Придется ее проучить.

– Как? – спросила с испугом Таня, а курица искоса посмотрела на лягушку прищуренным глазом.

– Отдать ее на съедение этой курице – и все!

Лягушка отчаянно задрыгала лапками, но вырваться ей не удалось. Курица взъерошилась, взлетела и чуть было не вырвала лягушку у Глеба.

– Не смей! – закричала Таня на курицу и заплакала.

Курица отбежала в сторону, поджала лапу и стала ждать, что будет дальше.

– Дядя Глеб, зачем же ее убивать? Дай ее мне.

– Чтобы она опять воровала?

– Нет. Я ее посажу в стеклянную банку и буду кормить. Разве тебе самому ее не жалко?

– Ну ладно! – согласился Глеб. – Бери, так и быть. Ни за что бы я ее не простил, если бы ты не заступилась. И если бы это была обыкновенная лягушка.

– А разве она необыкновенная? – спросила Таня и перестала плакать.

– А ты не видишь? Это древесная лягушка, квакша. Она замечательно предсказывает дождь.

– Вот она его нам и предскажет, – с облегчением вздохнула Таня и скороговоркой повторила слова, которые каждый день слышала от плотника Игната: – Дождик ой как нужен! А то хлеба и огороды посохнут, и тогда не миновать беды!

Глеб отдал лягушку Тане. Она посадила ее в банку с травой и поставила на подоконник.

– Веточку нужно какую-нибудь засунуть в банку, – посоветовал Глеб.

– Зачем?

– Когда она влезет на веточку и начнет квакать, значит, будет дождь.

А дождя все не было. Лягушка, сидя в банке, слушала разговоры людей о засухе и тяжело дышала: жить в банке было, конечно, безопасно, сытно, но душно.

Однажды ночью лягушка вылезла по кленовой ветке из банки и осторожно, останавливаясь и прислушиваясь, поскакала в сад. Там, в беседке, под крышей, жила в гнезде ласточка.

Лягушка тихонько квакнула, и ласточка тотчас выглянула из гнезда.

– Тебе чего? – спросила она – Весь день носишься-носишься, даже звон в голове стоит. А тут еще и ночью каждый будит, отдохнуть не дает.

— Ты сначала послушай, а потом будешь чирикать, — ответила лягушка. — Я тебя никогда еще не будила.

— Ну ладно, рассказывай, — ответила ласточка и зевнула. — Что у тебя стряслось?

Тогда лягушка рассказала ласточке, что девочка Таня спасла ее, лягушку, от смерти и она, лягушка, все думала, что бы такое хорошее сделать для Тани. И вот, наконец, придумала, но без ласточкиной помощи ничего не получится.

Люди очень тревожатся оттого, что нет дождя. Все сохнет. Хлеб может сгореть на корню. Даже для них, для птиц и лягушек, пришло трудное время: пропали червяки и улитки.

Лягушка слышала, как отец Тани, агроном, говорил о засухе, а Таня слушала его и заплакала: ей было жалко и отца и всех колхозников, что мучаются из-за этой засухи. Лягушка видела, как Таня стояла однажды около высохшего куста малины, трогала почернелые, ломкие листья и тоже плакала. И еще лягушка слышала, как Танин отец говорил, что люди скоро придумают искусственный дождь. Но пока этого дождя еще нет, и людям надо помочь.

— Помочь-то надо, — ответила ласточка. — Только как? Дождь отсюда далеко, за тысячу километров. Я вчера до него немного не долетела. А видеть видела. Сильный дождь, обложной. Только он сюда не дойдет — весь выльется по дороге.

— А ты его приведи, — попросила лягушка.

— Легко сказать — приведи. Да и не наше это, ласточкино, дело. Это стрижей надо просить. Они быстрее летают.

— А ты поговори со стрижами.

— Так с ними и поговоришь. Сама небось знаешь, что за народ. Одного какого-нибудь стрижонка нечаянно крылом зацепишь — не оберешься неприятностей. Сейчас же в драку лезут. Крик, шум, писк.

Лягушка отвернулась, и из ее глаз скатилась в траву маленькая слеза.

— Ну что ж, — прошептала она, — уж если вы, ласточки, не можете привести дождь, тогда со стрижами и говорить нечего.

— Это как так не можем? — рассердилась ласточка. — Кто это тебе сказал? Мы всё можем. Даже увернуться от молнии и обогнать самолет. Для нас дождь привести – пустое дело. Только надо всех ласточек собрать, со всей области.

Ласточка почистила клюв лапкой, подумала.

– Ну ладно! Не реви. Пригоним сюда дождь.

– А когда? – спросила лягушка.

Ласточка снова почесала клюв лапой.

– Надо сообразить. Это не так просто. Собрать всех ласточек – два часа. Лететь до дождя тоже два часа. Обратно с дождем лететь потруднее. Часа четыре пролетим, не меньше. Часов в десять утра будем здесь. Ну, прощай!

Ласточка перелетела на скворечню, пискнула и исчезла за тесовыми крышами.

Лягушка вернулась в дом. Там все спали.

Лягушка влезла в банку, взобралась на ветку клена и тихонько квакнула. Никто не проснулся. Тогда она квакнула громче, потом еще громче, еще и еще, и вскоре ее кваканье заполнило все комнаты, стало слышно в саду. И по всей деревне, в ответ на него, сразу всполошились и заорали петухи. Они старались перекричать друг друга, срывали голоса, сипли и снова орали, неистово хлопая крыльями. Они подняли такой гомон, что со сна можно было подумать, будто в деревне пожар.

В доме все сразу проснулись.

– Что случилось? – спросонок спросила Таня.

– Дождь будет! Дождь! – ответил ей из соседней комнаты отец. – Слышишь, квакша кричит! И петухи заголосили по всем дворам. Верная примета.

Глеб вошел со свечой в комнату к Тане и посветил на банку с лягушкой.

– Ну так и есть! – сказал он. – Так я и думал! Квакша влезла на ветку и кричит, надрывается. Даже позеленела от натуги.

Утро пришло, как всегда, безоблачное, но часам к десяти далеко на западе громыхнул и рассыпался по полям первый гром.

Колхозники вышли на обрыв над рекой и смотрели на запад, прикрыв глаза ладонями. Ребята полезли на крыши. Ариша начала торопливо подставлять под все водосточные трубы лоханки и ведра. Отец Тани каждую минуту выходил во двор, смотрел на небо, прислушивался и все повторял: «Лишь бы не мимо, лишь бы захватила нас эта гроза». Таня ходила следом за ним и тоже прислушивалась.

Гром подходил ближе. Его раскаты стали торжественнее и шире. На западе поднялась черная туча. Глеб спешно собирал свои удочки и смазывал сапоги, после грозы должен был начаться, по его словам, бешеный клев.

Потом в воздухе запахло свежестью дождя. Сад тихонько зашумел листвой, туча придвинулась, и веселая молния как бы распахнула во всю глубину огромное небо.

Первая капля дождя звонко ударила по железной крыше. Тотчас стало так тихо, будто все прислушивались к этому звуку и, затаив дыхание, ждали второй капли. Сам дождь тоже прислушивался и соображал, правильно ли он уронил эту первую пробную каплю. И, помедлив, решил, что правильно, потому что вдруг сразу сорвался и загрохотал по крыше тысячами капель. За окнами полились–заблестели полноводные струи дождя.

– Идите сюда! – закричал с мезонина Глеб. – Скорее!

Все побежали по лестнице на мезонин, а Таня, конечно, отстала.

Сверху все увидели, как тысячи, а может быть, десятки тысяч маленьких птиц гнали над землей дождевую тучу, не давали ей свернуть в сторону, бросались на нее несметными стаями, и от ветра, поднятого их крыльями, туча все ниже опускалась к земле и нехотя шла, ворча и громыхая, на иссохшие поля и огороды.

Иные птицы подхватывали на лету отдельные струйки дождя и неслись с ними вперед, будто волочили за собой прозрачные водяные нитки.

Иногда все птицы сразу встряхивали крыльями. Тогда дождь усиливался и так гремел, что на мезонине все перекрикивались и не слышали друг друга.

– Что это такое? – прокричала Таня. – Птичий дождь?

– Не понимаю, – ответил Танин отец. – А ты что-нибудь соображаешь, Глеб?

– Ничего не соображаю, – ответил Глеб. – Похоже на всемирный перелет ласточек.

Когда грохот дождя по крыше перешел в ровный и спокойный гул и пронеслись все ласточки, Таня выпустила лягушку из банки в свежий и шумный сад. Там вся трава и листья качались от ударов дождя.

Таня осторожно погладила лягушку по маленькой холодной голове и сказала:

– Ну, спасибо тебе, что накликала дождь. Ты живи теперь спокойно, тебя никто не тронет.

Лягушка посмотрела на Таню и ничего не ответила. Она не могла выговорить на человеческом языке ни одного слова. Она умела только квакать. Но во взгляде ее была такая преданность, что Таня еще раз погладила ее по голове.

Лягушка прыгнула под листья табака и начала ежиться и отряхиваться купаться под дождем.

С тех пор лягушку никто не трогал. Ариша перестала взвизгивать, когда встречалась с ней, а Глеб каждый день откладывал для нее из своей заветной «червивой» банки несколько лучших червей.

А вокруг густо заколосились хлеба, политые дождем, засверкали от света сырые сады, огороды, запахло сочными огурцами, помидорами и буйным укропом. И рыба начала клевать так жадно, что каждый день обрывала у Глеба драгоценные золоченые крючки.

Таня бегала по саду, играла в прятки с лягушкой, и платье ее промокло от росы. Любопытные паучки суетливо спускались с веток на невидимых паутинках, чтобы узнать, почему в саду столько возни и смеха. Узнав, в чем дело, они успокаивались, сматывали свои паутинки в серые шарики, маленькие, как булавочные головки, и засыпали в теплой тени листьев.

Колотый сахар

Северным летом я приехал в городок Вознесенье, на Онежском озере.

Пароход пришел в полночь. Серебряная луна низко висела над озером. Она была ненужной здесь, на севере, потому что уже давно стояли белые ночи, полные бесцветного блеска. Длинные дни почти ничем не отличались от недолгих ночей: и день и ночь весь этот лесной низкорослый край терялся в сумерках.

Неверное лето всегда вызывает тревогу. Оно очень непрочно. Его небогатое тепло может внезапно иссякнуть. Поэтому на севере начинаешь ценить каждую едва ощутимую струю теплого воздуха, ценить скромное солнце, что превращает озера в зеркала, сияющие тихой водой. Солнце на севере не светит, а просвечивает как будто через толстое стекло. Кажется, что зима не ушла, а только спряталась в леса, на дно озер, и все еще дышит оттуда запахом снега.

В садах отцвели березы. Белобрысые босые мальчишки сидели на дощатой пристани и удили корюшку. Все вокруг казалось белым, кроме черных больших поплавков. Мальчишки не спускали с них прищуренных глаз и шепотом просили друг у друга дать покурить.

Вместе с мальчишками удил рыбу вихрастый веснушчатый милиционер.

— А ну, даваавай не курить на пристани! Давай не безобразничать!! — покрикивал он изредка, и тотчас же несколько махорочных огоньков падали в белую воду, шипели и гасли.

Я пошел в город искать ночлег. За мной увязался толстый равнодушный человек, стриженный бобриком.

Он ехал на реку Ковжу по лесным делам. Он таскал с собой поседевший портфель со сводками и счетами. Говорил он косноязычно, как бесталанный хозяйственник: "лимитировать расходы на дорогу", "сделать засъемку", "организовать закуску", "перекрыть нормы по линии лесосплава"…

60

Небо выцветало от скуки от одного присутствия этого человека.

Мы шли по дощатым тротуарам, черемуха цвела в холодных ночных садах, за открытыми окнами горели неяркие лампы.

У калитки бревенчатого дома сидела на скамейке тихая светлоглазая девочка и баюкала тряпичную куклу. Я спросил ее, можно ли переночевать в их доме. Она молча кивнула и провела меня по скрипучей крутой лестнице в чистую горницу. Человек, стриженный бобриком" упрямо шел следом.

В горнице вязала за столом старуха в железных очках и сидел прислонившись к стене, худой пыльный старик с закрытыми глазами.

— Бабушка, - сказала девочка и показала на меня куклой, - вот заезжий просится ночевать.

Старуха встала и поклонилась мне в пояс.

— Ночуй, желанный, - сказала она нараспев. - Ночуй, будь гостем дорогим. Только тесно у нас, не взыщи, - придется на полу постелить.

— На низком уровне, значит, жизнь у вас организована, гражданка, - придирчиво сказал человек, стриженный бобриком.

Тогда старик открыл глаза - они были у него почти белые, как у слепого, - и медленно ответил:

— Такого, как ты, ни сон, ни ум не обогатят. Терпи - притерпишься.

— Имей в виду, гражданин, - сказал человек, стриженный бобриком, - с кем разговариваешь! Должно в милиции не сидел!

Старик молчал.

— Ох, батюшка, - жалобно пропела старуха, - не обижайся па странника! Бездомный он, бродячий старик, чего с него спрашивать?

Человек, стриженный бобриком, оживился.! лаза его сделались сверлящими и свинцовыми. Он тяжело хлопнул портфелем по столу.

— Безусловно чуждый старик, - сказал он с торжеством. -

Надо соображать, кого в дом пускаете. Может, он беглец из концлагеря или подпольный монах? Сейчас мы выясним его личность. Как тебя звать? Откуда родом?

Старик усмехнулся. Девочка уронила куклу, и губы у нее задрожали. — Родом я отовсюду, — ответил спокойно старик. — Нигде нету для меня чужбины. А зовут меня Александр.

— Чем занимаешься?

— Сеятель я и собиратель, — так же спокойно ответил старик. — В юности хлеб сеял и хлеб собирал, нынче сею доброе слово и собираю иные чудесные слова. Только неграмотен я, — вот и приходится все на слух принимать, на память сбою полагаться.

Человек, стриженный бобриком, озадаченно помолчал.

— Документы есть?

— Есть то есть, только не для тебя они писаны, милый человек. Документы у меня дорогие.

— Ну, — сказал человек, стриженный бобриком, — мы найдем того, для кого они писаны.

И он ушел, хлопнув дверью.

— Сырой человек, неспелый, — сказал, помолчав, старик. — От таких бывает в жизни одна суета.

Старуха поставила самовар. Она певуче сокрушалась, что нету у нее в доме ни кусочка сахару: забыла купить. Самовар ей жалобно подпевал. Девочка постелила на стол чистую суровую скатерть. От скатерти пахло ржаным хлебом.

За открытым окном блистала звезда. Она была туманной, очень большой, и странным казалось ее одиночество на громадном зеленеющем небе.

Ночное чаепитие меня не удивило, — давно я заметил, что северным летом люди долго не спят. И сейчас за окном, у калитки соседнего дома, стояли две девушки и, обнявшись, смотрели на тусклое озеро. Как всегда бывает белой ночью, лица девушек казались бледными от волнения, печальными и красивыми.

— Ленинградские это комсомолки, — сказала старуха. — Дочери капитанов. На лето всегда приезжают.

Старик сидел с закрытыми глазами и молчал, как будто прислушивался. Потом он открыл глаза и вздохнул.

— Ведет! — сказал он горестно. — Прости, бабушка, меня, дурака, за докуку.

Лестниц- скрипела. По ней тяжело подымались люди. Без стука вошел человек, стриженный бобриком. За ним шел вихрастый озабоченный милиционер – тот, что удил рыбу на пристани. Человек, стриженный бобриком, кивнул на старика.

— А ну, давай, дед, — сурово сказал милиционер, – давай выясняй свою личность! Налаживай документы!

— Личность моя простая, – ответил старик, – только рассказывать долго. Садись, слушай.

— Ты поскорей! – сказал милиционер. – Сидеть мне некогда, надо тебя в отделение представить.

— В отделение, родимый, мы завсегда с тобой успеем, в отделении разговор короткий, не с кем душу отвести. Мне седьмой десяток пошел, помру я не нынче завтра на чужом дворе. Значит, должен ты меня вытерпеть.

— Ну, давай, — согласился милиционер. – Только не путай!

— Зачем путать! Жизнь моя чистая, ее не запутаешь. Все мы, Федосьевы, были со стародавних времен ямщики да певуны. Дед мой Прохор был великий певец, по всему тракту от Пскова до Новгорода голос свой пропел, проплакал. Голос беречь надо, он не зря человеку даден, и дед мой берег, да не уберег – сорвался. Может, знаешь иль нет, жил у нас в Псковской губернии знаменитый земляк Александр Сергеевич, поэт Пушкин.

Милиционер усмехнулся:

— Еще бы не знать то!

— Из за него дед голос свой и сорвал. Встретились они на ярмарке, в Святогорском монастыре. Дед пел. Пушкин слушал. Потом пошли они в питейное заведение и просидели до ночи. Об чем гуторили, никому не известно, только дед вернулся веселый, как хмельной, хоть вина почти и не пил. Говорил потом бабке: "От слов и от смеха его я захмелел, Настюшка, – такой красоты слова – лучше всякой моей песни". Была у деда одна песня, очень ее Пушкин уважал.

Старик молчал и вдруг запел звенящим томительным голосом:

Эх, по белым полям, по широким.
Наши слезы снежком замело!

Девушки подошли к окну и, обнявшись, слушали. Милиционер осторожно сел на скамью.

— Да, — вздохнул старик, — многие времена прошли, умер дед столетним стариком и песню ту велел петь своим сыновьям и внукам. Однако не про то я говорю. Раз зимой будят деда ночью, стучат в оконце, велят запрягать по спешной казенной надобности. Вышел дед с крыльца, видит — полно жандармов, ходят, звенят тесаками. Ну, думает, опять везти каторжан. Однако нет никаких арестантов, а на санях черный гроб лежит, веревками увязан. Кого же это, думает, и в могилу, страдальца, в оковах везут, кого ж это царь и после смерти боится? Подошел к гробу, смахнул рукавицей снег с черной крышки и спрашивает жандарма: "Кого повезем?" – "Пушкина, – говорит жандарм. – Убили его в Петербурге". Дед отступил на шаг, скинул шапку и поклонился гробу в пояс. "Ты, что ж, знаком ему, что ли?" – спрашивает жандарм. "Песни я ему пел". – "Ну, так теперь петь не будешь!" Ночь была тяжкая, крепкая, дыхание в груди замерзало. Подвязал дед бубенцы, чтобы не гремели, сел на облучок, поехал. Тихо кругом, только полозья свистят да слышно, тесаки стучат и стучат о гроб глухим стуком. Накипело у деда на сердце, от слез заболели глаза, собрал он весь свой голос и запел:

Эх, по белым полям, по широким…

Жандарм его бьет ножнами в спину, а дед не слышит, поет. Вернулся домой, лег, молчит: голос на морозе застудил. С той поры до самой смерти говорил сипло, одним шепотом.

— От сердца, значит, пел, — пробормотал, сокрушаясь, милиционер.

— Все, родимый, надо от сердца делать, – сказал старик. – А ты ко мне пристаешь, кто я да что. Песни я ною. Такое мое занятие. Хожу промеж людей и пою. Где какую новую песню услышу – запоминаю. К примеру, слово ты сказал – это одно, а слово это самое ты пропел – выходит, сердешный мой, другое, – оно долго в сердце дрожит. Песенную силу беречь надо. Какой народ петь не любит – плевый тот народ, нету у него правильного жизненного понятия. А об документе ты не тревожься, документ я тебе покажу.

Старик вытащил трясущимися руками из за пазухи серую ладанку и достал оттуда бумажку.

– На, читай!

– Зачем мне читать! – обиделся милиционер. – Мне ее читать нет теперь надобности. Я тебя и так вижу. Сиди, дедушка, отдыхай. А вы, гражданин, – милиционер обернулся к человеку, стриженному бобриком, – лучше шли бы ночевать в дом колхозника, там вам способнее. Идемте, я вас доведу.

Они вышли. Я взял бумажку у старика и прочел:

"Дано это удостоверение Александру Федосьеву в том, что он является собирателем народных песен и сказок и получает за это пенсию от правительства Карельской республики. Всем местным властям предлагается оказывать ему всяческую помощь".

– Эх, горе! – сказал старик. – Нету хуже, когда у человека душа сухая. Вянет от таких жизнь, как трава от осенней росы.

Мы пили чай. Девушки, обнявшись ушли к озеру, и в легком ночном сумраке белели их простые ситцевые платья. Тусклая луна опускалась в воду, и в саду среди берез печально крикнула ночная птица.

Светлоглазая девочка вышла на улицу и снова сидела у калитки и баюкала тряпичную куклу. Я видел ее из окна. К ней подошел вихрастый милиционер и сунул ей в руку сверток с сахаром и баранки.

– Давай отнеси дедушке, – сказал он и густо покраснел. – Скажи, гостинец. Мне самому некогда, надо на пост становиться.

Он быстро ушел. Девочка принесла сверток с колотым сахаром и баранки. Старик засмеялся.

– Жил бы я, – сказал он, вытирая слезящиеся глаза, – еще долгое время. Жалко помирать, уходить от ласковости

65

людской, и и и как жалко! Как гляну на леса, на светлую воду, на ребят да на травы – пряно силы нет помирать.

— А ты живи, желанный, – сказала старуха. – У тебя легкая жизнь, простая, таким только и жить.

Днем я уехал из Вознесенья в Вытегру. Маленький пароход "Свирь" шел по каналу, задевая бортами за плакун траву, разросшуюся по берегам.

Городок уходил в солнечный тусклый туман, в тишину и даль летнего дня, и низкорослые леса уже охватывали нас темным кругом. Северное лето стояло вокруг – неяркое, застенчивое, как светлоглазые здешние дети.

Концерт в Вардэ

Старики дружно сплюнули и засопели трубками. И было от чего сплевывать. Происходило непонятное.

Даже пройдоха Блют, три раза плававший в Нью-Йорк и знавший столько же необыкновенных историй, сколько было карт в его подозрительной колоде, не видел ничего подобного. Даже старый пес Блют, который был у консула на дурном счету.

Хотя он клялся гробовой крышкой, что видел самого Ленина так же близко, как «Слюнявую треску» – начальника порта Торсена. Торсен до сих пор кичится тем, что он первый и без всякой охраны поднялся на палубу русского парохода с красным флагом.

– Я видел Ленина так же близко, как «Слюнявую треску», – кричал Блют на всех перекрестках. – Пусть акулы схватят понос от моего мяса, если я вру.

Да, так старики сплюнули, разглядывая на заборах мокрые афиши о сегодняшнем концерте.

На афишах было написано непонятное:

«Вечером в Морском доме команды учебных судов Союза Советских Социалистических Республик „Тюлень“ и „Гагара“ устраивают концерт в пользу германских рабочих, пострадавших от оккупации Рура. Приглашается все население города Вардэ».

Трубки усиленно и задумчиво сопели: ну-ну…

У хромого Твида от изумления и страха отстегнулась нижняя челюсть, и он не мог застегнуть ее до самого начала концерта, чем не преминули воспользоваться остряки с «Христиании». Отпетый народ, который годится только на то, чтобы возить дрянной шпицбергенский уголь и вонючий тюлений жир.

С четырех часов дня единственный в Вардэ полицейский, прозванный «Беременной акулой», уже стоял на посту у морского дома, сердито надув щеки, и мальчишки дергали его за фалды кургузого мундира и прятались за соседними углами, испуская ликующие и воинственные клики.

Начиналось то, чего боялись консул Свен и пастор Иогансен, страдающий ниспосланной богом подагрой и от тщедушной и сварливой жены, так же ниспосланной от господа бога.

Даже когда вся селедка от шотландских берегов привалила к берегу Вардэ (старики еще помнят это золотое времечко), в городе не было такого волнения, плохо скрытого за оконными занавесками.

На потной лысине аптекаря сверкало янтарное северное солнце. Все девушки Вардэ требовали – и непременно скорей – помаду для губ и дешевую пудру. Приятель аптекаря дряхлый капитан Бриг – «Тухлая пробка» – не смог окончить из-за этих вертлявых девчонок свой классический рассказ о гонке чайных клиперов в 1886 году. Тогда его «Типпинг» пришел из Фу-Чоу в Лондон на десять минут раньше «Ариеля», утерев капитану Мак-Ки-нону его угреватый нос.

В этом рассказе была одна незначительная подробность, которую знало наизусть все Вардэ, даже самые неспособные, выгнанные из школы, мальчишки.

Когда «Типпинг» перегнал «Ариеля», он вежливо спросил его сигналами: «Ну, как вам нравится наша корма?» – на что «Ариель» столь же вежливо ответил: «Ничего, она похожа на китайскую прачечную». На корме «Типпинга» матросы как раз сушили белье.

Рассказывая это, Бриг повизгивал от хохота и хлопал ладонью по зеркальным прилавкам, и под ними прыгали тюбики с губной помадой; но сегодня он не доплыл в своем рассказе до этого разительного места. Ему пришлось, как он бормотал, слишком часто «отдавать якорь», так как аптекарь бегал от полки к полке и не мог его внимательно слушать.

По каменным тротуарам пробегали деревянные сабо, хлопали двери, ветер трепал ситцевые юбки рыбачек, из окон несся чад утюгов, и сияли ярко-вычищенной медью заботливые лица машин. Потрескивали крахмальные чепчики, старики поспешно скребли бритвами проволочные баки, а не привыкшие к столь неприятным звукам кошки обидчиво садились к ним спиной, откинув в стороны хвосты.

Мальчишки оставили в покое «Беременную акулу» и вертелись кипящими толпами около русских пароходов. По команде пьяного Блюта (когда только человек успевает напиться!) они кричали непонятные, но веселившие русских слова:

– Даешь революцию!

Юнги с «Христианин» и китобойных судов что-то явственно затевали и шушукались. Начальник порта Торсен самолично, сняв пиджак, поднял над своим домом новенький флаг. Редактор коммунистической газеты «Фальксгаат» хохотал у себя в редакции так невежливо и нахально, что фру пасторша принуждена была задернуть оконные занавески. Редактор либеральной газеты поминутно смотрел на остановившиеся в половине второго часы и громко и обиженно сморкался.

Было ясно, что власть короля Гакона V была поколеблена в своих основах.

К шести часам все улицы наполнились тяжелым грохотом подкованных моржовых сапог, женским смехом и характерным звуком плевков.

Толпа валила к Морскому дому, мальчишки мчались туда же по мостовой, а пройдоха Блют, уже проспавшийся (когда только человек успевает проспаться!) кричал, что он чувствует себя великолепно.

Ветер с океана задувал зеленые язычки фонарей, и консулу Свену казалось, что весь город подмигивает ему зло и нахально подслеповатыми окнами.

– «Тухлая пробка» тоже поплыла под руку с аптекаршей на этот концерт, – сказал он раздраженно жене. – И даже этот дважды идиот Твид разронял свои слюни по всему портовому спуску. Какого черта я им дал разрешение. Город взбесился, а молокососы потащили под пиджаками красные флаги. Я видел у Берга, Симоне Педерсена. А этот беременный дурак, эта слепая лошадь топчется, как в стойле, и ничего не видит.

В театре густо пахло табаком, дешевыми духами и палеными чепчиками.

К началу концерта электричество горело беспомощно и мутно и с потолка капали, вызывая смятение в разных концах зала, увесистые капли росы. Зрители взволнованно сморкались в клетчатые платки, вздыхали и ждали. В начале концерта царила молитвенная тишина, но после русских песен кашель и сморканье начались снова.

Потом мальчишка Педерсен (сын конопатчика Педерсена) встал и сказал речь. Настоящую речь, как в стортинге во время обсуждения налога с рыболовных судов.

— Есть такие страны, — сказал он, — где уже семь лет нет ни королей, ни консулов, ни «Беременных акул». (Смех и крепкие плевки.) Сами рабочие и матросы взяли в свои руки шкот, чисто вымыли палубу от «Слюнявой трески» (смех), попросили убраться всех пасторов и арматоров. Никто им больше не морочит голову сказками о злом длиннобородом боге. («Ого! Вот так мальчишка!»)

— Не бояся хозяйских окриков, только для самих себя… («И для нас», — крикнул Симон)… и для нас, — повторил Педерсон и толкнул Симона ногой, — они создают невиданное в этом мире нужды и притеснений государство.

— А у нас? Я спрашиваю тебя, старый Твид, — не пугайся – я спрашиваю тебя, где ты похоронил свои силы? Ведь ты был лучшим силачом в Вардэ (он свернул челюсть французу с «Бель Ами»). Верно. Я это помню. Ты погубил себя на китобое, все это знают. На китобое консула Свена, у которого уже не застегивается жилет. (Крики: «Лопнули от жира штаны», шум, смех, «Беременная акула» усиленно топчется и потеет.)

— Консул Свен выстроил, Твиди, светлый дом из лакированного дерева, чтобы плодить в нем будущих консулов Свенов. (Шум, крики: «Этого не будет!» – «Какие вы знаете средства против этого?» – «Пожалейте женщин».)

— Кто выходит в зимние штормы к Шпицбергену? Мы. У кого не сходит с рук опухоль от простуды? У нас, не у барышень из Бергена. Чьи дети ждут до вечера тарелки жидкой овсянки и плачут в мамин подол? Но консулов, не пасторов и не судовладельца Гильберта. Не их, а наши. (В зале нарастает шум, мужчины шаркают сапогами, женщины плачут.)

70

– Нечего киснуть. Берите пример с них, с русских.

«Беременная акула» робко поднял руку и кашлянул.

Дощатый зал заколебался от криков. Стулья трещали. Задние напирали на передних. Блют махал засаленной шляпой, по его желтым щекам ползли грязные слезы.

– Видит бог, ничего подобного я еще не встречал, – бормотал он растерянно.

Капитан Бриг визгливо кричал, колотя трубкой о спинку стула, что на своем «Типпинге» он не хотел бы лучших матросов, чем русские, и даже не желает вступать с кем-либо в споры по этому поводу. У аптекаря вспотел жилет, а «Беременная акула», защипанный до обморока дрянными мальчишками, перебирал ногами и беспомощно кряхтел.

Педерсен развернул красный флаг (кто-то ахнул), положил его на стол и сделал знак рукой. Все встали и сняли шапки.

– Томас Руп, родом из Вардэ, – медленно и торжественно, выполняя старинный морской обычай, стал читать по списку Педерсен. – Матрос с парусника «Габриэлла». Упал в трюм и разбился насмерть во время погрузки в Бремене. Работал на арматора Свена. Осталась вдова и двое детей.

Молчание не нарушилось.

– Сигурд Ольсен, родом из Вардэ, рулевой с «Нидерланда». Умер от желтой лихорадки в порту Массова. Работал на компанию Нордзее. Осталась старуха мать.

Он читал одно имя за другим, и, как похоронный звон, тяжело гудел у берега океан.

В углу тихо и скрипуче заплакала женщина.

– Вдова Руна, – сказал схваченный спазмой, хриплый голос.

Тогда встал русский с «Гагары» и, покраснев, медленно подошел к столу и неловко положил на стол пачку крон.

– Вы не обижайтесь, братишки, – сказал он, немилосердно комкая снятую фуражку, – что мы не можем оказать большую помощь. Наша страна еще, конечно, в общем и целом не возродилась. Ясно, что мы потуже подтягиваем пояса и очень мало оттого получаем. Положение, можно сказать, еще незавидное, но зато никакой прохвост как таковой не может даже и подумать, чтобы в нашей, к примеру, рабочей стране

71

арматоры или как их там и вообще всякая сволочь могли проделывать такие штучки над женами и детьми матросов.

Он замолчал и смущенно махнул рукой.

Как ни бесновался в этот час океан, но его рев не мог заглушить рева зрительного зала, не понявшего слов, но понявшего жесты и блеск глаз. Все пошло вверх дном. Сначала долго кричали и сморкались. Потом под хлопанье железных рук и свист мальчишек на сцене начались матросские танцы.

Стулья отлетели к стенам, и весь зал качался и скрипел, как шхуна в полный ветер. Зал кружился пестрой, невиданной и трескучей каруселью.

Царило веселье, небывалое в Вардэ. Твид и Бриг притопывали в такт тюленьими лапами, затягивая старинную песню о черном австралийском фрегате. Высокие сероглазые русские дробно отбивали чечетку и плясовую.

Даже пройдоха Блют, лихо отщелкивая джигу, выкрикивал невнятные слова, молодцы с «Христиании» показали пораженным зрителям свой боевой помер – танец с финскими ножами. Хромой скрипач Тик надрывался от старания, вывизгивая бешеные мотивы, и старики из задних рядов орали ему:

– Не дрейфуй, Тик, ставь все паруса.

– И-и-и, эх, – крикнул внезапно появившийся в толпе «Слюнявая треска», начальник порта Торсен, и швырнул в угол фуражку с золотым галуном. – Что? Разве я не ходил с вами, ребята, на Ньюфаундленские банки? Пошел все наверх, вали на мою голову. Жарь, Тик, старина, пока не лопнули струны.

И, подхватив дочку Твида с наивными васильковыми глазами, он пустился в пляс, изредка бодро покрикивая:

– Прибавь ходу, Тик, не уваливайся под ветер.

Аптекарша взвизгнула и упала в обморок. Было ясно, что в Вардэ началась революция и власть стортинга и короля бесповоротно свергнута взбунтовавшимся народом.

А через час консул Свен внезапно перестал храпеть и сел на кровати. С улицы доносился хор молодых голосов:

Консул Свен, старый черт, все ворчит

И ругает несчастную фру,
Что молчит и сопит, точно кит,
И не может заштопать дыру.
На штанах голубых
В галунах золотых.
Ио хо, ио хо, ио хо.
На штанах в галунах
Ио хо, ио хо, ио хо.
Королевский подарок богатый
Из английской матерьи с заплатой.

«Тюлень» и «Гагара» ушли. Но еще долго бурлило Вардэ, как кипяток на остывающей плите. Либеральная газета взывала к спокойствию и забвению «горестного и преступного» дня, когда невинный концерт внес смятение и поколебал умы мирных граждан. «Фольксгаат» делал едкие замечания, весьма неприятные для консула Свена, а мальчишки еще долго свистели в два пальца и кричали:

– Даешь революцию!

Вардэ затих. Но зимой в тишине ночей, иллюминированных синими огнями сияний, у девушек долго сверкали глаза темным блеском, и плакала сама не зная от чего – от радости ли, от печали – вдова матроса Свена Руна, Христина Руп, глядя в угрюмую муть полярной ночи. Был слышен только лай лапландских собак и затихающий за черными мысами гул Ледовитого океана.

Вардэ затих и ждал тех дней, когда за восточным мысом заалеет, предвещающий близкую и теплую весну, первый янтарный рассвет.

Королева голландская

– Я жалею, что научился читать!

Я оглянулся, чтобы посмотреть на того, кто сказал эти идиотские слова. Было накурено до синевы, капли торопливо бежали по стеклам. Промокшая до последней нитки ночь скучно шумела дождем по высоким кровлям. Таковы пасхальные ночи в Голландии.

Серый день сменился сизым вечером, сизый вечер перешел в моросящую ночь.

Мне, иностранцу, достались в удел матросские таверны, где я мог сколько угодно рассуждать о ценах на водку, улове сардинок и непривлекательной женственности королевы Вильгельмины.

Мне, иностранцу, Голландия казалась старинным деревянным сундуком, пахнущим лаком, полным заманчивых богатств. Синий японский шелк, тяжелые фарфоровые чашки с красными цветами, сладкое какао, кофе, богатства многих заморских стран были сложены в пузатые комоды и пахли стариной.

Эти размышления о Голландии клонили ко сну, как пахучий пар из никелевого кофейника. Я уснул бы за столиком, если бы не этот нелепый и варварский возглас:

– Да, я жалею, что научился читать.

Говорил матрос в мокрой кепке. Он размешивал пальцем соль в стакане пива, железная серьга одиноко висела над его острой скулой.

– Если бы я не умел читать, – сказал он и глотнул соленое пиво, – если бы я не умел читать, я бы умер спокойно. Ганс, как ты думаешь? А теперь я должен жалеть такого чудака, как ты.

Ганс – инвалид с деревянной ногой – виновато моргнул.

– Начнем по порядку, – сказал матрос и щелкнул пальцем по стакану. – Наша старая посудина пришла вчера с Явы; мы привезли кофе и сахар. На Яве ты потерял ногу, Ганс, когда был солдатом. Так вот, мне встретился один яванец. Он чистил белые туфли на улице в Сурабайе. Он рассказал мне о великом

74

господине, о великом белом голландце. Я просидел у этого чистильщика туфель всю ночь и вышел утром, когда всходило солнце. Платье мое сразу стало мокрым от росы. Вахтенный удивился, что я не пьян.

К рассказчику стали подсаживаться матросы. Подсел и хозяин кабака – рыхлый человек с баками цвета сухой веревки, больной и молчаливый. Подсел и я. Подсел даже загулявший штурман с золотым галуном на кепке.

– Один только голландец, – сказал мне чистильщик туфель, – один только белый не оказался собакой. Это был святой человек, имя его знают все яванские дети, имя Эдуарда Деккера, резидента южной провинции. Король его уморил голодом, его молоденькая жена сошла с ума. Он приехал на Яву молодым. Он увидел, как надсмотрщики секут бичами женщин, узнал, как правительство плодит нищету, отбирает у яванцев весь урожай, узнал, что каждая крупица риса полита черной яванской кровью. Он изучил наши прекрасные способы выкачивания из колоний всех соков.

Он стал на сторону яванцев. Он отменил своей властью налоги и преступные законы. Он потребовал от парламента и вице-короля немедленного прекращения зверств. Он кричал о них всюду, называл подлостью и неучтиво указывал пальцем на первого подлеца на острове – вице-короля.

Слава о нем прошла по всей Яве. По ночам к его дому собирались яванцы и приносили сотни жалоб. Крестьяне приходили с гор, из других резиденций, приносили слезы обиды и уносили слезы облегчения. Он судил и жестоко наказывал полицейских и надсмотрщиков за каждый удар яванцу, урезал доходы купцов, выгонял взяточников.

– В моей резиденции яванцы неприкосновенные для грязных лап правительства, – сказал он вице-королю и вышел из его кабинета, зная, что его ждут суд и каторга.

Он был немедленно отставлен. Правительство приказало срочно выслать его с острова, но было уже поздно. Он вернулся в свою резиденцию, созвал старшин и сказал им:

– Если хотите жить свободно и прекрасно, если хотите, чтобы вас не секли и ваша земля принадлежала снова вам, –

гоните голландцев. Только пуля может убить голландскую жадность. Призывайте всех к восстанию, вооружайтесь! Я с вами. Правительство уже ищет меня с ищейками, я больше не резидент.

Он поднял бунт, яванцы дрались две недели, они бросались с кривыми ножами на винчестеры голландских солдат. Кофейные плантации напитались кровью, пули сверлили пальмы, и деревни, подожженные солдатами, горели, как сотни свечей. Тогда ты и потерял свою ногу, Ганс.

Деревянная нога Ганса выбивала на полу частую дробь.

– Восстание подавили. Деккер бежал в Европу и стал писателем. Он писал под именем Мультатули. Я читал его книги. В них он проклинал Голландию – страну разбойников. Он требовал свободы для яванцев и открыто писал, чем пахнут золотые гульдены торговцев кофе. Он издевался над богом.

В ответ правительство скупило все его рукописи через частного издателя и сожгло их. Он умер в Амстердаме, «Помилованный» покойным королем, умер от голода и нищеты, прокляв пасторов, торгашей и парламент. Перед смертью он написал жене письмо и отправил его без марки. Вот оно, это письмо.

Мы сдвинули стулья. Он достал из кармана тонкую книжку, бережно открыл ее и, держа далеко от глаз на вытянутой руке, прочел:

«Не плачь. Мы так одиноки в этом мире. Человеческая злоба задушила меня, как грудная жаба. Я думаю о тебе, о смерти дочки, и тоска разрывает мое сердце. Так трудно остаться одной, но ведь должны же когда-нибудь перестать мучить людей и обкрадывать нищих».

– Когда я прочел все, что написал вот этот человек, – сказал матрос и спрятал книгу, – я пожалел, что меня научили читать!

– Почему? – спросил хозяин.

– Потому, что ты дурак, – вот почему. Почему? – крикнул он и положил кулаки на стол. – Да потому, что теперь я накачался человеческим горем по горло! Да потому, что все надо перевернуть сейчас же, а оно еще стоит, и мы распускаем слюни в кабаках. Хватит!

Кабак гудел. Дождь прошел. В открытую дверь врывался запах пароходного дыма. Далеко в церквах зазвонили колокола.

– Королева Вильгельмина поехала молиться, – сказал хозяин и посмотрел в окно. – Пасхальная ночь.

– К свиньям королеву! – крикнул из-за стойки пьяный кочегар. – К свиньям старую хрычовку! Зачем ты заговорил о королевах? Они нам не родня.

Я вспомнил королеву Вильгельмину – набожную каргу. Я видел ее на пароходе. Шел дождь, солдаты стояли в грязи и воде, королева шла по специально выстроенным для нее мосткам, подобрав тяжелые юбки и поджав сухие губы. Она смотрела на солдат пустыми глазами мертвеца.

Я вспомнил рассказы о богатстве этой женщины, о скаредности, ставшей анекдотом, о чистеньком дворце, где идет скучная и злая жизнь среди японских мопсов, и, наконец, черт возьми, я вспомнил о горячей замученной Яве, где портреты этой сухонькой женщины висят в полицейских префектурах, как иконы торгашей и чиновников, пасторов и офицеров.

Серебряный дождевой звон церквей струился в каналы, на черные улицы, сыпался, как водяная пыль, на наши куртки, на железные палубы барок, на темную гавань.

В гавани качались в такт звону сотни фонарей, и крепкие матросские плевки возвещали о недовольстве жизнью.

Я пошел к собору. Асфальты центральных улиц горели черными озерами воды. Собор пламенел, и ветер гнул к югу зеленые языки газовых фонарей. Тяжелая зелень роняла за шиворот ледяные капли.

Я видел, как королева вышла из собора. Лицо ее улыбалось, щеки свисали, и лакеи застыли у открытой дверцы черного автомобиля. Она прошла шаркающей походкой старухи, губы ее жевали. Торговцы кофе сняли котелки, и вдоль мокрого асфальта легли две ослепительные реки автомобильного света. Захлопнулась дверца, машина мелодично пропела сиреной и пошла к дворцу.

Потом я видел, как из тени дерева вышел знакомый матрос, читавший письмо Мультатули. Он остановился, покачиваясь и насвистывая песенку. Он был пьян. Руки его были по локоть засунуты в карманы.

– Получай, хрычовка! – крикнул он, когда автомобиль поравнялся с ним, выхватил руку из кармана и швырнул в королеву камнем.

Звонко треснуло и посыпалось стекло, автомобиль круто повернул и остановился. Полицейские бежали, скользя по мостовой, бешено цокали копыта мчавшихся всадников, толпа гудела и сжималась кольцом.

Взяли его с трудом. Он выхватил костыль у Ганса и отбивался от полицейских, как от своры псов. Ганс упал. Автомобили сгрудились и противно ревели, излучая зеленоватый свет.

Полицейские били его, он закрывал голову руками, и на все это смотрела королева, вышедшая из автомобиля. Щеки ее тряслись, она попискивала, как мышь. Она сверлила узкими глазами толпу полицейских, отыскивая матроса. Рука у нее – большая куриная лапа – была разбита камнем, она закрывала ее кружевным платком.

Я ушел к себе на пароход. Амстердам засыпал под скучным ночным дождем. Северный ветер дул с моря, и это освежало мою голову.

Первый туман

Ночью пассажирский пароход вышел из последнего шлюза на Волго-Донском канале и дал протяжный гудок. Начиналось Цимлянское море.

Берегов нового моря не было видно. Только огни бакенов раскачивались на взволнованной ветром воде, да на западе мигали зарницы. В их беглом блеске появлялись и гасли громады низких грозовых облаков.

Пассажиры собрались на палубе. Все напряженно смотрели на воду, освещенную пароходными огнями, будто это была таинственная, сказочная вода, а не обыкновенная донская, запруженная далеко на западе огромной плотиной.

Многим казалось, что и цвет и запах у этой воды совсем иные, особенные, хотя от нее, как всегда, чуть тянуло нефтью и цвет ее был ночной – черный, как тушь.

– Какая она, должно быть, прозрачная днем! – сказал молодой женский голос.

Очевидно, все согласились с этим, так как никто но возразил женщине. И только гораздо позже хрипловатый мужской голос неожиданно сказал:

– На Дону этой ночью окончательно зреют хлеба. Самое ответственное время.

– Откуда вы это взяли? – спросил тот же женский голос.

– Зарницы всегда играют, когда зреют хлеба, – ответил мужчина.

Женщина засмеялась:

– Вечно вы что-нибудь придумаете, Иван Петрович!

– Заметьте себе, – возразил мужской голос, – что я никогда ничего не придумываю. Считаю это излишним. Я, как вам известно, метеоролог и привык иметь дело с точными цифрами и явлениями.

– И напрасно не придумываете, – заметила женщина.

– Предоставляю это писателям и поэтам, – сердито сказал метеоролог.

Писатель Макаров, стоявший невдалеке, только поежился:

«Да, с этим метеорологом, пожалуй, никак не споешься». А Макаров как раз собирался познакомиться с ним и поговорить об изменении климата в южных степях в связи с появлением нового Цимлянского моря.

— А я вот, наоборот, — проговорил чей-то спокойный голос, — считаю, что воображение помогает науке и развитию практической жизни.

Метеоролог не принял этого вызова из темноты и промолчал. Тогда спокойный голос сказал:

— Да вы же сами прекрасно знаете, что если бы не было человеческого воображения, если бы не было у нас способности представлять себе будущее, то не было бы никаких новых морей, лесов и каналов.

Метеоролог снова промолчал, а женщина сказала с досадой:

— И охота вам, Иван Петрович, изображать ходячую таблицу умножения!

— Ну, ладно! — согласился метеоролог. — Не будем сейчас спорить.

— Вот именно сейчас, — вмешался Макаров. Он не любил людей без полета, без воображения. Давно уже он заметил, что такие люди относятся с пренебрежением ко всему, что, по мнению Макарова, украшает жизнь, — к веселью, выдумке, шутке, поэзии, — и считают, что только точное знание и деловой расчет — ценности жизни.

Таких людей Макаров называл «родоначальниками скуки». От них никакой радости — ни себе, ни другим.

— Именно сейчас, — повторил Макаров, — отрицать воображение просто нелепо, когда вы плывете по этому новому морю над теми местами, где вчера еще лежала сухая, перегоревшая степь.

— Что же вы думаете, ваши мечтатели создали это море? — спросил метеоролог.

— Да, мечтатели! — уже сердясь, ответил Макаров. — Такие, как, может быть, вы.

— Вот за это спасибо!

– А вы не прибедняйтесь! – резко сказал Макаров. – Зачем это вам нужно?

– Что нужно?

– Изображать из себя сухаря. Ваша наука, между прочим, пока еще одна из самых неточных. И какой бы вы были метеоролог, если бы не думали о тех временах, когда человек будет создавать погоду по своей воле.

– Оно так и случится, – сказал капитан парохода. Он вышел на палубу и курил, стоя позади пассажиров. – Вековечная мечта моряков.

«Да, – подумал Макаров, – вековечная мечта всех земледельцев, моряков, всех людей о постоянном голубеющем штиле над прозрачными морями, о вечном лете, о влажной теплоте, когда почти на глаз видно, как растет пшеница и наливаются соком помидоры. Человек проложит новые небесные дороги для дождей и гроз, дороги в те области земли, где дожди больше всего нужны. Человек уничтожит губительные ветры, и только легкий бриз будет дуть над лугами и переносить цветочную пыльцу».

Ослепительно мигнула зарница, и в глухих необъятных далях зародился первый гром. Он приближался, нарастал, пока не загремел над морем от края до края. От тучи подуло холодноватым ветром.

– У меня есть маленький мальчик, мой сын, – сказала женщина и тихо, про себя засмеялась. – Он очень любит грозу. Каждый раз говорит: «Мама, пойдем смотреть грома». А я боюсь грозы.

– Ничего, Маша, – сказал метеоролог, – она уже уходит на северо-восток. Нас не заденет.

Пассажиры разошлись. Макаров остался на палубе. Он не мог сейчас уснуть. Будут еще в жизни сотни ночей, когда он успеет выспаться, а такая ночь никогда не вернется. Первая ночь на обширном и глубоком этом море, созданном руками советских людей, его соотечественников, его друзей, его сверстников.

«Какое величавое, простое и человечное время», – подумал Макаров и вдруг с новым раздражением вспомнил о метеорологе. «Небось уже храпит в своей каюте. Откуда только берутся в нашей стране эти нудные люди? Эта холодная кровь? Эти пустые глаза? Кому они нужны в юной нашей жизни? От них хмурятся дети и гаснет девичий смех».

Макаров просидел на палубе до рассвета. Гроза, действительно, ушла на северо-восток и все реже сигналила оттуда розовыми вспышками зарниц.

Когда начало светать, Макаров увидел невдалеке от себя седого человека в очках. Он сидел в сыром от росы плетеном кресле и смотрел на море.

Заря синела, разгоралась. В очень высоком, как бы распахнутом в глубину небе догорали звезды, бледные, как капли воды.

Человек в очках встал и показал Макарову на белую пелену, лежавшую над морем.

– Смотрите! – сказал он. – Наконец-то!

– Что наконец-то? – не понял Макаров.

– Да это же туман! Разве вы не видите? Туман! – радостно повторил он. – Это море родило здесь туман.

– Ну и что же? – спросил, недоумевая, Макаров. Он не понимал, почему этот незнакомый человек волнуется из-за такого, в сущности, пустяка, как предрассветный туман.

– Как «что же»? – сказал в сердцах незнакомый человек. – Да вы понимаете или нет? Туман в этих местах в половине лета! Да это же чудо! Это же влага! Свежесть! Роса! Об этом можно было только мечтать нам, метеорологам, чтобы здесь наконец появились такие летние туманы.

– Ах вот как! – с легким злорадством сказал Макаров, Он понял, что говорит с ночным метеорологом. – Значит, об этом можно было только мечтать!

– Ну, конечно! – ответил метеоролог.

– А я, признаться, думал, – заметил Макаров, – что вы навсегда потеряли способность мечтать.

Метеоролог снял очки и, прищурившись, посмотрел на Макарова.

– Эх, молодой человек, молодой человек! – сказал он с укором. – Скоропалительно думаете! Ну, скажем, разве вы и вправду верите в то, что есть у нас хотя бы один человек, который бы ни о чем не мечтал? Особенно о том, что связано со счастьем людей...

– Но ночью, – пробормотал, растерявшись, Макаров, – вы говорили совершенно обратное.

– Не знаю, кто вы по своим занятиям, но проницательности у вас, как видно, мало. Мало, молодой человек. Просто я не люблю преувеличений, восхищений, громких слов и всего такого прочего. И не люблю всего этого потому, что глубочайшим образом люблю природу, силу человеческого духа и настоящую человеческую мечту. А она никогда не бывает крикливой, молодой человек. Никогда! Чем больше ее любишь, тем глубже прячешь в сердце, тем сильнее ее бережешь. А вы-то этого, оказывается, и не поняли.

– Простите, я и вправду не понял, – сознался Макаров и покраснел.

– А небось литератор? – заметил метеоролог. – Ну, ничего! Бывает. Смотрите, подходим к Цимлянской.

Пароход снова загудел торжественно и протяжно. Пассажиры начали торопливо подыматься на палубу.

Вышла и молодая женщина с маленьким сонным мальчиком на руках. Ей, должно быть, трудно было его держать. Она немного перегибалась назад, и по тонким и нежным очертаниям ее тела было видно, что она очень молода, сын этот у нее – первый и единственный. Макаров догадался, что эта женщина бранила метеоролога ночью. Сейчас она ему нежно улыбнулась и сказала:

– Опять вы всю ночь не спали, Иван Петрович! Выдумщик вы, вот что!

– Мама, это пожар? – спросил мальчик и показал на запад, где в первых лучах солнца пылали десятки маленьких солнц в окнах гидростанции.

– Нет, сынок, – ответила женщина. – Это плотина. И станция. Это конец Цимлянского моря.

– Ну вот, – сказал мальчик. – Разве вы не могли его сделать еще больше, протянуть вон туда!

Мальчик показал на запад, а женщина улыбнулась и ответила:

– Это уж ты, когда вырастешь, протянешь море дальше. А мы пока довели его до этого места.

– Ненасытный возраст у моего внука, – заметил метеоролог. Пароход шёл малым ходом. Плотина медленно наплывала. Над ней сверкало небо в своей чистейшей синеве – небо раннего утра, очищенное от пыли и знойной мглы теми великими и прохладными водами, что были остановлены здесь навеки сильной и умелой рукой советского человека.

Последний черт

Дед ходил за дикой малиной на Глухое озеро и вернулся с перекошенным от страха лицом. Он долго кричал по деревне, что на озере завелись черти. В доказательство дед показывал порванные штаны: черт якобы клюнул деда в ногу, порвал рядно и набил на колене большую ссадину.

Деду никто не верил. Даже сердитые старухи шамкали, что у чертей отродясь не было клювов, что черти на озерах не водятся и, наконец, что после революции чертей вообще нет и быть не может — большевики извели их до последнего корня.

Но все же бабы перестали ходить к Глухому озеру за ягодами. Им стыдно было признаться, что на двадцатом году революции они боятся чертей, и потому в ответ на упреки бабы отвечали нараспев, пряча глаза:

— И-и-и, милай, ягод нынче нетути даже на Глухом озере. Отродясь такого пустого лета не случалось. Сам посуди: зачем нам зря ходить, лапти уродовать?

Деду не верили еще и потому, что он был чудак и неудачник. Звали деда «Десять процентов». Кличка эта была для нас не понятна.

— За то меня так кличут, милок, — объяснил однажды дед, — что во мне всего десять процентов прежней силы осталось. Свинья меня задрала. Ну и была же свинья — прямо лев! Как выйдет на улицу, хрюкнет — кругом пусто! Бабы хватают ребят, кидают в избу. Мужики выходят на двор не иначе как с вилами, а которые робкие, те и вовсе не выходят. Прямо турецкая война! Крепко дралась та свинья. Ну, слухай, что дальше было. Залезла та свинья ко мне в избу, сопит, зыркает на меня злым глазом. Я ее, конечно, тяпнул костылем. Иди, мол, милая, к лешему, ну тебя! Тут оно и поднялось! Тут она на меня и кинулась! Сшибла меня с ног; я лежу, кричу в голос, а она меня рветь, она меня терзаеть! Васька Жуков кричит: «Давай пожарную машину, будем ее водой отгонять, потому ныне убивать свиней запрещено!» Народ толчется, голосит, а она меня рветь, она меня терзаеть! Насилу мужики меня цепами от нее отбили. В больнице я лежал. Доктор прямо удивился. «От тебя, говорит, Митрий, по медицинской видимости, осталось не более как десять процентов». Теперь так и перебиваюсь на эти проценты. Вот она какая, жизня наша, милок! А свинью ту убили разрывной пулей: иная ее не брала.

Вечером мы позвали деда к себе — расспросить о черте. Пыль и запах парного молока висели над деревенскими улицами — с лесных полян пригнали коров. Бабы кричали у калиток, заунывно и ласково скликая телят:

— Тялуш, тялуш, тялуш!..

Дед рассказал, что черта он встретил на протоке у самого озера. Там он кинулся па деда и так долбанул клювом, что дед упал в кусты малины, завизжал не своим голосом, а потом вскочил и бежал до самого Горелого болота.

— Чуть сердце не хряснуло. Вот какая получилась завертка!

— А какой из себя этот черт? Дед заскреб затылок.

— Ну, вроде птица, — сказал он нерешительно. — Голос вредный, сиплый, будто с простуды. Птица — не птица, пес его разберет.

— Не сходить ли нам на Глухое озеро? Все-таки любопытно, — сказал Рувим, когда дед ушел, попив чаю с баранками.

— Тут что-то есть, — ответил я, — хотя этот дед и считается самым пустяковым стариком от Спас-Клепиков до Рязани.

Вышли на следующий же день. Я взял двустволку.

На Глухое озеро мы шли впервые и потому прихватили с собой про пожатым деда. Он сначала отказывался, ссылаясь на свои «десять процентов», потом согласился, но попросил, чтобы ему за это в колхозе выписали два трудовых дня. Председатель колхоза, комсомолец Леня Рыжов, рассмеялся:

— Там видно будет! Ежели ты у баб этой экспедицией дурь из головы выбьешь, тогда выпишу. А пока шагай!

И дед, благословясь, зашагал. В дороге о черте рассказывал неохотно, больше помалкивал.

— А он ест что-нибудь, черт? — спрашивал, посмеиваясь, Рувим.

— Надо полагать, рыбкой помаленьку питается, по земле лазит, ягоды жрет, — говорил, сморкаясь, дед. — Ему тоже промышлять чем-нибудь надо, даром что нечистая сила.

А он черный?

— А поглядишь — увидишь, — отвечал загадочно дед. — Каким прикинется, таким себя и покажет.

Весь день мы шли сосновыми лесами. Шли без дорог, перебирались через сухие болота — мшары, где нога тонула по колено и сухих коричневых мхах.

Жара густо настаивалась в хвое. Кричали медведки. На сухих полянах из-под ног дождем сыпались кузнечики. Устало никла трава, пахло горячей сосновой корой и сухой земляникой. В небе над верхушками сосен неподвижно висели ястребы.

Жара измучила нас. Лес был накален, сух, и казалось, что он тихо тлеет от солнечного зноя. Даже как будто попахивало гарью. Мы не курили. Мы боялись, что от первой же спички лес вспыхнет и затрещит, как сухой можжевельник, и белый дым лениво поползет к солнцу.

Мы отдыхали в густых чащах осин и берез, пробирались через заросли на сырые места и дышали грибным прелым запахом травы и корней.

Мы долго лежали на привалах и 'слушали, как шумят океанским прибоем вершины сосен, — высоко над головой дул медленный ветер. Он был, должно быть, очень горяч.

Только к закату мы вышли на берег озера. Безмолвная ночь осторожно надвигалась на леса глухой синевой. Едва заметно, будто капли серебряном воды, блестели первые звезды. Утки с тяжелым свистом летели на ночлег.

Озеро, замкнутое поясом непроходимых зарослей, поблескивало внизу. По черной воде расплывались широкие круги: играла на закате рыба.

Ночь начиналась над лесным краем, долгие сумерки густели в чащах, и только костер трещал и разгорался, нарушая лесную тишину.

Дед сидел у костра и скреб пятерней худую грудь.

— Где же твой черт, Митрий? — спросил я.

— Тама, — дед неопределенно махнул рукой в заросли осинника, — Куда рвешься? Утром искать будем. Нынче дело ночное, темное, погодить надо.

На рассвете я проснулся. С сосен капал теплый туман. Дед сидел у костра и торопливо крестился. Мокрая его борода мелко дрожала.

— Ты чего, дед? — спросил я.

— Доходишься с вами до погибели! — пробормотал дед. — Слышь, кричит анафема! Слышь? Буди всех!

Я прислушался. Спросонок ударила в озере рыба, потом пронесся пронзительный и яростный крик.

— Уэк! — кричал кто-то. — Уэк! Уэк!

В темноте началась возня. Что-то живое тяжело забилось в воде, и снова злой голос прокричал с торжеством:

— Уэк! Уэк!

— Спаси, владычица троеручица! — бормотал, запинаясь, дед. — Слышишь, как зубами кляцает? Дернуло меня с вами сюды переться, старого дурака!

С озера долетали странное щелканье и деревянный стук, будто там дрались палками мальчишки. Я растолкал Рувима.

— Ну, — сказал дед, — действуйте, как желаете, я знать ничего не знаю! Еще за вас отвечать доведется. Ну вас к лешему!

Дед от страха совсем ошалел.

— Иди стреляй, — бормотал он сердито. — Совецкое правительство тоже за это по головке не побалует. Нетто можно в черта стрелять? Ишь чего выдумали!

— Уэк! — отчаянно кричал черт.

Дед натянул на голову армяк и замолк.

Мы поползли к берегу озера. Туман шуршал в траве. Над водой неторопливо подымалось огромное белое солнце.

Я раздвинул кусты волчьей ягоды на берегу, вгляделся в озеро и медленно потянул ружье.

— Что видно? — шепотом спросил Рувим.

— Странно. Что за птица, никак не пойму.

Мы осторожно поднялись. На черной воде плавала громадная птица. Оперение ее переливалось лимонным и розовым цветом. Головы не было видно — она вся, по длинную шею, была под водой.

Мы оцепенели. Птица вытащила из воды, маленькую голову, величиною с яйцо, заросшую курчавым пухом. К голове был как будто приклеен громадный клюв с кожаным красным мешком.

— Пеликан! — крикнул Рувим.

— Уэк! — предостерегающе ответил пеликан и посмотрел на нас красным глазом.

Из пеликаньего клюва торчал хвост толстого окуня. Пеликан тряс шеей, чтобы протолкнуть окуня в желудок.

Тогда я вспомнил о газете: в нее была завернута копченая колбаса. Я бросился к костру, вытряхнул из рюкзака колбасу, расправил засаленную газету и прочел объявление, набранное жирным шрифтом:

«Во время перевозки зверинца по узкоколейной железной дороге сбежала африканская птица пеликан. Приметы: перо розовое и желтое, большой клюв с мешком для рыбы, на голове пух. Птица старая, очень злая, не любит и бьет детей. Взрослых трогает редко. О находке сообщить в зверинец, за приличное вознаграждение».

— Ну, — спросил я, — что будем делать? Стрелять жалко, а осенью он подохнет от голода.

— Дед сообщит в зверинец, — ответил Рувим. — И, кстати, заработает.

Мы пошли за дедом. Дед долго не мог понять, в чем дело. Он молчал, моргал глазами и все скреб худую грудь. Потом, когда понял, пошел с опаской на берег смотреть черта.

— Вот он, твой леший, — сказал Рувим. — Гляди!

— И-и-и, милай... — Дед захихикал. — Да разве я что говорю! Ясное дело — не черт. Пущай живет на воле, рыбку полавливает. А вам спасибо. Ослобонили народ от страха. Теперь девки сюда понапрут за ягодами — только держись! Шалая птица, сроду такой не видал.

Днем мы наловили рыбы и снесли ее к костру. Пеликан поспешно вылез на берег и приковылял к нашему привалу. Он посмотрел на деда прищуренным глазом, как будто что-то стараясь припомнить, Дед задрожал. Но тут пеликан увидел рыбу, разинул клюв, щелкнул им с деревянным стуком, крикнул «уэк» и начал отчаянно бить крыльями и притопывать утиной лапой. Со стороны было похоже, будто пеликан качал тяжелый насос.

От костра полетели угли и искры.

— Чего это он? — испугался дед. — Чумовой, что ли?

— Рыбы просит, — объяснил Рувим.

Мы дали пеликану рыбу. Он проглотил ее, потом снова начал накачивать крыльями воздух, приседать и топать ногой: клянчить рыбу.

— Пошел, пошел! — ворчал на него дед. — Бог подаст. Ишь размахался!

Весь день пеликан бродил вокруг нас, шипел и кричал, но в руки не давался.

К вечеру мы ушли. Пеликан влез на кочку, бил нам вслед крыльями и сердито кричал: «Уэк, Уэк!» Вероятно, он был недоволен, что мы бросаем его на озере, и требовал, чтобы мы вернулись.

Через два дня дед поехал в город, нашел на базарной площади зверинец и рассказал о пеликане. Из города приехал рябой скучный человек и забрал пеликана.

Дед получил от зверинца сорок рублей и купил на них новые штаны.

— Порты у меня-первый сорт, — говорил он и оттягивал штанину. — Об моих портах разговор идет до самой Рязани. Сказывают, даже в газетах печатали. Весь колхоз наш знаменитость получил через эту дуроломную птицу. Вот она какая, жизня наша, милок!

Разговор во время ливня

Это была странная встреча. Ко мне кто-то осторожно постучал. Я прислушался. За разбитым, заклеенным газетой окном гремел по ржавым крышам ночной ливень. На чердаке, визжа, возились крысы. В порту ревел, как гигантский шакал, шведский наливной пароход.

Стук раздался снова, такой же робкий и неуверенный.

– Кто там?

– Я, сэр. Джон Паркер.

Я открыл. Ах да, Джон Паркер. Я вспомнил: с ним я познакомился в союзе моряков. Джон Паркер – американский моряк.

Он вошел, стряхивая с кепи капли дождя. Его промокший красный галстук был завязан австралийским узлом.

Он вошел, и запах сырости, дождя и горького табака в моей комнате сменился тепловатым и пряным запахом рома.

– Мне негде спать, – сказал он и виновато посмотрел на меня и на сырые оттиски своих ботинок-дредноутов на пыльном полу. – В американской миссии на меня смотрят как на большевика, я не говорю им своего настоящего имени и никогда не скажу. А они требуют, чтобы я показал им документы.

– Ночуйте здесь.

Он снова виновато посмотрел на меня, крепко потряс мою руку, поколебался и вытащил из кармана небольшую бутылку рома.

Гвоздем он ловко вытащил пробку, щелкнул ногтем по глянцевитой физиономии негра на этикетке, – физиономии, обведенной венком золотых ананасов, – и налил мне и себе по полстакана.

– Вот, черный, – сказал он многозначительно, кивнув на скалившего зубы негра.

– Что черный? – спросил я, и ром зажал мне горло горячей спазмой. – Что вы говорите о черных?

На глаза у меня навернулись слезы. Паркер внимательно

посмотрел на меня, прислушался к шуму дождя, к глухому ворчанью собаки в пустом коридоре и сказал:

— У черных будет свой Ленин. И они тогда нам покажут, — он ткнул пальцем в свой австралийский галстук, — нам, американцам. Всех судей в штатах мы вываляем в клейстере и перьях.

— Это несчастный народ, — сказал он, помолчав, и спокойно выпил свой ром. — Их заражают.

— Как заражают?

— Просто, сэр. Наше правительство сознательно заражает их чахоткой, чтобы они поскорее вымерли. Должно быть, в Америке стало тесно. Их вытравляют так же, как краснокожих. Краснокожие падают, как мухи от ядовитой бумаги. Только на Западе оставили несколько красных племен, чтобы показывать изящным леди. Вы понимаете: леди и джентльмены едут развлечься в Иеллустонский парк, и там им демонстрируют красных. Леди щелкают кодаками и дают их детям шоколад, а вечером на террасах отелей, в плетеных качалках, когда джентльмены кутают их плечи в меха, они небрежно говорят: «Вилли, правда ведь это презабавный народ?»

— Да, это очень забавно! — громко сказал Паркер и ударил кулаком по столу. — Очень, очень забавно, но для одного джентльмена эта забава окончилась довольно плохо.

На чердаке взвизгнула укушенная крыса. Паркер рассеянно прислушался и продолжал:

— Я был тогда около Фриско. Меня выгнали с парохода за грубость. У капитана были розовые дамские уши, и он, видите ли, не мог слышать настоящих морских слов, сказанных по его адресу. А я — матрос, и матрос не из тех, что возят дачников с покупками из Фриско на острова. Я из Сиатля, привык иметь дело с китобоями и клондайкскими молодцами. В результате, конечно, капитан меня выгнал.

Я ехал поездом в восточные порты, чтобы поступить на пароход. По дороге на одной из станций сидела семья красных и смотрела на поезд. Вы никогда не сможете себе представить, как они смотрят. Они смотрят так, словно все, что происходит вокруг, — прозрачное, смотрят куда-то вдаль и так презрительно, так настороженно, точно боятся, что вот-вот их ударят или подымут на смех.

Из вагона вышла мисс Грэв. Вы, конечно, не знаете Грэва. Это – крупная дичь, он у нас во Фриско был, кажется, мэром. Одним словом, он имел неограниченное право сажать таких молодцов, как я, в исправительный дом.

Вслед за мисс Грэв соскочил на платформу молодой джентльмен с таким гладким пробором, будто его облизала корова.

Мисс Грэв подошла к красным и, брезгливо морщась, поцеловала одного из малышей. Вы понимаете, это был каприз. Насколько я понял, она хотела выиграть пари. Мать быстро взяла ребенка, а я подошел к мисс и шепнул ей на ухо с притворным ужасом:

– Что вы наделали, мисс! Теперь вы пропали. Она резко и вопросительно взглянула на меня.

– Почему?

– Разве вы не знаете, что они все зараженные! Вытрите рот!

Она засмеялась, а я стал медленно накаливаться, как болт на кузнечном огне.

– Вы не верите, мисс, а я говорю, что эта правда. Их сознательно заражают по тайному желанию правительства. Вы можете подробнее узнать у вашего отца, он достаточно перетравил в жизни этих ребят.

Кончилось это тем, что молодой джентльмен полетел и ударился головой о лакированный синий борт вагона. Послышался сильный треск лопнувшей бумаги, но у него была чертовски крепкая башка, и только со второго раза он потерял свой чудесный галстук и способность сопротивляться.

Дело кончилось тремя месяцами тюрьмы. Меня судили за драку и за распространение невероятных и вредных слухов.

– У этого малого, – сказал вскользь судья, – чудовищная фантазия.

– Сэр, – ответил я ему, – более чудовищной фантазии, чем у министров Соединенных Штатов, как вам известно, нет ни у кого.

Паркер помолчал. Дождь за окнами лил тяжелыми,

грохочущими струями. На море начинался шторм, и прибой тяжело гудел у набережных и шипел по гальке, уползая обратно в море. Шведский пароход замолчал.

В окно были видны лишь глубокий вечный мрак и дождь. Это был неумолимый батумский дождь, выбивавший монотонную дробь по лужам. Я знал, что на рассвете не будет видно гор за стеной дождя и потянет холодом с севера. Спать не хотелось.

— Тогда я был еще мальчишкой, — продолжал Паркер. — Потом я много плавал. Должен вам сказать, что вы в мире не найдете вещей лучше моря. Я видел очень много. Я видел целые букеты островов, словно изящные леди небрежно уронили их с борта пакетбота в густую океанскую воду. Когда вы к ним подходите, воздух пахнет самыми тонкими духами, клянусь матерью. Я видел все это, когда ходил из Фриско в Сидней.

Я видел и южноамериканские порты, белые от солнца, будто их вымазали мелом.

Я ходил в полярное плаванье. Можете поверить, я оглох от тишины полярных полей, у меня все время звенело в ушах, как от лихорадки. Я слеп от желтого незаходящего солнца, бродившего над этими морями.

Вы знаете, я не люблю Нью-Йорка и некоторые ваши континентальные порты. Там тесно, как в кино по воскресеньям, и я перестаю чувствовать себя человеком.

Он перевернул свою руку и посмотрел на коричневую, изъеденную канатами и солью ладонь.

— Но всюду, — добавил он печально, — всюду нашему брату живется тяжело. И под пальмами Рио, и в лондонской слякоти.

Он снова посмотрел на свою ладонь и улыбнулся:

— Да, сэр. Произошла революция у вас. Я, признаться, не придавал ей значения. В России революция, но что из этого может получиться для нас, плавающих по ту сторону света? Разве от этого хоть на йоту станут лучше наши зловонные кубрики? Разве я смогу выпрямить спину и набрать полную грудь свежего воздуха, не чувствуя в душе тяжелого гнева? Разве мы сможем, думал я, как хозяева прийти в жизнь и прожить ее так, чтобы перед смертью не жалеть, что родились, и не проклинать стариков, давших нам жизнь?

Да, сэр. Я долго не верил этому. Видите ли, я думал, что кто-то принесет мне революцию в кармане, как апельсин, принесет из той страны, где она случилась, из России, вынет и даст, и сейчас же вся жизнь перевернется, мы подымем флаги и завопим от восторга. Так я думал, простите меня. Но в одном из континентальных портов я узнал совсем другое.

— Я был, — он почему-то сказал это шепотом, — я был в портовом бюро. Интернэшэнел-бюро, вы знаете. В Гамбурге. Там я видел некоторых людей и читал газеты, ваши газеты. Мне первое время казалось, что я читаю, а полисмен крепко меня держит за шиворот, но потом это прошло.

Он тихо засмеялся и стал уминать в трубку табак.

— Тогда я понял, что мне революцию и мою судьбу не принесут, как игрушку, в кармане. Я понял, что она, — он показал на свою голову и тугие мускулы под потертой курткой, — вот тут. Я еду во Фриско, и революция едет со мной во Фриско, и мэр Грэв не спит по ночам, потому что ему кажется, что в дырявых тавернах в порту собираются кочегары и матросы-китайцы, и в руках у них блестят не стаканы с виски, а нечто другое, совсем другое, чем мы когда-нибудь продырявим нашу старуху-Американку, как палубным сверлом.

Он помолчал.

— Я приехал к вам. С двумя долларами я объехал эту необыкновенную страну. Я видел сотни Джонов Паркеров за столами в министерствах, и сотни тех же Джонов приходили к ним с фабрик, верфей и палуб и, смеясь, жали им руки и пачкали сажей бумаги. О, я видел чудесные вещи, сэр, чудесные, непередаваемые вещи.

Я посмотрел на него. Он мельком взглянул на меня и хлопнул ладонью по столу.

— Я еду в Америку, — сказал он, встал и сделал ко мне два шага. — Я еду в Америку. И мы разворошим эту помойную яму. Хватит! Вы думаете, что мы не справимся? Мы, моряки? Хо!

Он замолчал, а ответило море, ударившее в набережную с широким раскатистым гулом.

– Хо! – повторил Паркер. – Оно, – он показал на окно, за которым гудело море, – оно нас выучило, и мы ему не подгадим.

Утром я вышел проводить Паркера. Дождь прошел. В голубом тумане блистали цепи далеких гор. В пустых кофейнях турки, позванивая чашками, перетирали посуду. Вялый ветер едва подымал полотнища флагов.

– Прощайте, – сказал Паркер и сжал до хруста в костях мою руку.

Он пошел к американскому грузовому пароходу, на котором собирался уехать. Солнце горело на его крепкой шее. В море, просверкав парусами, тонула в тумане фелюга, груженная золотыми лимонами.

Робкое сердце

Варвара Яковлевна, фельдшерица туберкулезного санатория, робела не только перед профессорами, но даже перед больными. Больные были почти все из Москвы – народ требовательный и беспокойный. Их раздражала жара, пыльный сад санатория, лечебные процедуры – одним словом, все.

Из-за робости своей Варвара Яковлевна, как только вышла на пенсию, тотчас переселилась на окраину города, в Карантин. Она купила там домик под черепичной крышей и спряталась в нем от пестроты и шума приморских улиц. Бог с ним, с этим южным оживлением, с хриплой музыкой громкоговорителей, ресторанами, откуда несло пригорелой бараниной, автобусами, треском гальки на бульваре под ногами гуляющих.

В Карантине во всех домах было очень чисто, тихо, а в садиках пахло нагретыми листьями помидоров и полынью. Полынь росла даже на древней генуэзской стене, окружавшей Карантин. Через пролом в стене было видно мутноватое зеленое море и скалы. Около них весь день возился, ловил плетеной корзинкой креветок старый, всегда небритый грек Спиро. Он лез, не раздеваясь, в воду, шарил под камнями,

потом выходил на берег, садился отдохнуть, и с его ветхого пиджака текла ручьями морская вода.

Единственной любовью Варвары Яковлевны был ее племянник и воспитанник Ваня Герасимов, сын умершей сестры.

Воспитательницей Варвара Яковлевна была, конечно, плохой. За это на нее постоянно ворчал сосед по усадьбе, бывший преподаватель естествознания, или, как он сам говорил, "естественной истории", Егор Петрович Введенский. Каждое утро он выходил в калошах в свой сад поливать помидоры, придирчиво рассматривал шершавые кустики и если находил сломанную ветку или валявшийся на дорожке зеленый помидор, то разражался грозной речью против соседских мальчишек.

Варвара Яковлевна, копаясь в своей кухоньке, слышала его гневные возгласы, и у нее замирало сердце. Она знала, что сейчас Егор Петрович окликнет ее и скажет, что Ваня опять набезобразничал у него в саду и что у такой воспитательницы, как она, надо отбирать детей с милицией и отправлять в исправительные трудовые колонии. Чем, например, занимается Ваня? Вырезает из консервных жестянок пропеллеры, запускает их в воздух при помощи катушки и шнурка, и эти жужжащие жестянки летят в сад к Егору Петровичу, ломают помидоры, а иной раз и цветы – бархатцы и шалфей. Подумаешь, изобретатель! Циолковский! Мальчишек надо приучать к строгости, к полезной работе. А то купаются до тошноты, дразнят старого Спиро, лазают по генуэзской стене. Банда обезьян, а не мальчишки! А еще советские школьники!

Варвара Яковлевна отмалчивалась. Егор Петрович был, конечно, не прав, она это хорошо знала. Ее Ваня – мальчик тихий. Он все что-то мастерил, рисовал, посапывая носом, и охотно помогал Варваре Яковлевне в ее скудном, но чистеньком хозяйстве.

Воспитание Варвары Яковлевны сводилось к тому, чтобы сделать из Вани доброго и работящего человека. В бога Варвара Яковлевна, конечно, не верила, но была убеждена, что существует таинственный закон, карающий человека за все зло, какое он причинил окружающим.

Когда Ваня подрос, Егор Петрович неожиданно потребовал, чтобы мальчик учился у него делать гербарии и определять растения. Они быстро сдружились. Ване нравились полутемные комнаты в доме Егора. Петровича, засушенные цветы и листья в папках с надписью "Крымская флора" и пейзажи на стенах, сделанные сухо и приятно, – виды водопадов и утесов, покрытых плющом.

После десятилетки Ваню взяли в армию, в летную школу под Москвой. После службы в армии он мечтал поступить в художественную школу, может быть даже окончить академию в Ленинграде. Егор Петрович одобрял эти Ванины мысли. Он считал, что из Вани выйдет художник-ботаник, или, как он выражался, – "флорист". Есть же художники-анималисты, бесподобно рисующие зверей. Почему бы не появиться художнику, который перенесет на полотно все разнообразие растительного мира!

Один только раз Ваня приезжал в отпуск. Варвара Яковлевна не могла на него наглядеться: синяя куртка летчика, темные глаза, голубые петлицы, серебряные крылья на рукавах, а сам весь черный, загорелый, но все такой же застенчивый. Да, мало переменила его военная служба!

Весь отпуск Ваня ходил с Егором Петровичем за город, в сухие горы, собирал растения и много рисовал красками. Варвара Яковлевна развесила его рисунки на стенах. Сразу же в доме повеселело, будто открыли много маленьких окон и за каждым из них засинел клочок неба и задул теплый ветер.

Война началась так странно, что Варвара Яковлевна сразу ничего и не поняла. В воскресенье она пошла за город, чтобы нарвать мяты, а когда вернулась, то только ахнула. Около своего дома стоял на табурете Егор Петрович и мазал белую стенку жидкой грязью, разведенной в ведре. Сначала Варвара Яковлевна подумала, что Егор Петрович совсем зачудил (чудачества у него были и раньше), но тут же увидела и всех остальных соседей. Они тоже торопливо замазывали коричневой грязью – под цвет окружающей земли – стены своих домов.

А вечером впервые не зажглись маяки. Только тусклые звезды светили в море. В домах не было ни одного огня. До рассвета внизу, в городе, лаяли, как в темном погребе, встревоженные собаки. Над головой все гудел-кружился самолет, охраняя город от немецких бомбардировщиков.

Все было неожиданно, страшно. Варвара Яковлевна сидела до утра на пороге дома, прислушивалась и думала о Ване. Она не плакала. Егор Петрович шагал по своему саду и кашлял. Иногда он уходил в дом покурить, но долго там не оставался и снова выходил в сад. Изредка с невысоких гор задувал ветер, доносил блеяние коз, запах травы, и Варвара Яковлевна говорила про себя: "Неужто война?"

Перед рассветом с моря долетел короткий гром. Потом

второй, третий… По всем дворам торопливо заговорили люди – Карантин не спал. Никто не мог объяснить толком, что происходило за черным горизонтом. Все говорили только, что ночью, в темноте, человеку легче на сердце, безопаснее, будто ночь бережет людей от беды.

Быстро прошло тревожное, грозное лето. Война приближалась к городу. От Вани не было ни писем, ни телеграмм. Варвара Яковлевна, несмотря на старость, добровольно вернулась к прежней работе: служила сестрой в госпитале. Так же, как все, она привыкла к черным самолетам, свисту бомб, звону стекла, всепроникающей пыли после взрывов, к темноте, когда ей приходилось ощупью кипятить в кухоньке чай.

Осенью немцы заняли город. Варвара Яковлевна осталась в своем домике на Карантине, не успела уйти. Остался и Егор Петрович.

На второй день немецкие солдаты оцепили Карантин. Они молча обходили дома, быстро заглядывали во все углы, забирали муку, теплые вещи, а у Егора Петровича взяли даже старый медный микроскоп. Все это они делали так, будто в домах никого не было, даже ни разу не взглянув на хозяев.

Во рву за Ближним мысом почти каждый день расстреливали евреев; многих из них Варвара Яковлевна знала.

У Варвары Яковлевны начала дрожать голова. Варвара Яковлевна закрыла в доме ставни и переселилась в сарайчик для дров. Там было холодно, но все же лучше, чем в разгромленных комнатах, где в окнах не осталось ни одного стекла.

Позади генуэзской стены немцы поставили тяжелую батарею. Орудия были наведены на море. Оно уже по-зимнему кипело, бесновалось. Часовые приплясывали в своих продувных шинелях, посматривали вокруг красными от ветра глазами, покрикивали на одиноких пешеходов.

Однажды зимним утром с тяжелым гулом налетели с моря советские самолеты. Немцы открыли огонь. Земля тряслась от взрывов. Сыпалась черепица. Огромными облаками вспухала над городом пыль, рявкали зенитки, в стены швыряло оторванные ветки акаций. Кричали и метались солдаты в темных серых шинелях, свистели осколки, в тучах перебегали частые огни разрывов. А в порту в пакгаузах уже шумел огонь, коробил цинковые крыши.

Егор Петрович, услышав первые взрывы, торопливо вышел в сад,. протянул трясущиеся руки к самолетам – они мчались на бреющей высоте над Карантином, – что-то закричал, и по его сухим белым щекам потекли слезы.

Варвара Яковлевна открыла .дверь сарайчика и смотрела, вся захолодев, как огромные ревущие птицы кружили над городом и под ними на земле взрывались столбы желтого огня.

– Наши! – кричал Егор Петрович. – Это наши, Варвара Яковлевна! Да разве вы не видите? Это они!

Один из самолетов задымил, начал падать в воду. Летчик выбросился с парашютом. Тотчас в море к тому месту, где он должен был упасть, помчались, роя воду и строча из пулеметов, немецкие катера.

Тяжелая немецкая батарея была сильно разбита, засыпана землей. На главной улице горел старинный дом с аркадами,, где помещался немецкий штаб.

В порту тонул, дымясь, румынский транспорт, зеленый и пятнистый, как лягушка. На улицах валялись убитые немцы.

После налета пробралась из города на Карантин пожилая рыбачка Паша и рассказала, что убита какая-то молодая женщина около базара и больной старичок провизор.

Варвара Яковлевна не могла оставаться дома. Она пошла к Егору Петровичу. Он стоял около стены, заросшей диким виноградом, и бессмысленно стирал тряпкой белую пыль с листьев. Листья были сухие, зимние, и, вытирая листья, Егор Петрович все время их ломал.

– Что же это, Егор Петрович? – тихо спросила Варвара Яковлевна. – Значит, свои своих… До чего же мы дожили, Егор Петрович?

– Так и надо! – ответил Егор Петрович, и борода его затряслась. – Не приставайте ко мне. Я занят.

– Не верю я, что так надо, – ответила Варвара Яковлевна. – Не могу я понять, как это можно занести руку на свое, родное…

— А вы полагаете, им это было легко? Великий .подвиг! Великий!

— Не умещается это у меня в голове, Егор Петрович. Глупа я, стара, должно быть…

Егор Петрович долго молчал и вытирал листья.

— Господи, господи, – сказала Варвара Яковлевна, – что же это такое? Хоть бы вы мне объяснили, Егор Петрович.

Но Егор Петрович ничего объяснять не захотел. Он махнул рукой и ушел в дом.

Перед вечером по Карантинной улице прошло трое немецких солдат. Один нес пук листовок, другой – ведро с клейстером. Сзади плелся, все время сплевывая, рыжий сутулый солдат с автоматом.

Солдаты наклеили объявление на столб около дома Варвары Яковлевны и ушли. Никто к объявлению не подходил. Варвара Яковлевна подумала, что, должно быть, никто и не заметил, как немцы клеили эту листовку. Она накинула рваную телогрейку и пошла к столбу. Уже стемнело, и если бы не узкая желтая

полоска на западе среди разорванных туч, то Варвара Яковлевна вряд ли прочла бы эту листовку.

Листовка была еще сырая. На ней было напечатано: "За срыванье – расстрел. От коменданта. Советские летчики произвели бомбардирование мирного населения, вызвав жертвы, пожары квартир и разрушения. Один из летчиков, виновных в этом, взят в плен. Его зовут Иван Герасимов. Германское командование решило поступить с этим варваром как с врагом обывателей и расстрелять его. Дабы жители имели возможность видеть большевика, который убивал их детей и разрушал имущество, завтра в семь часов утра его проведут по главной улице города. Германское командование уверено, что благонамеренные жители окажут презрение извергу.

Комендант города

обер-лейтенант Зус".

Варвара Яковлевна оглянулась, сорвала листовку, спрятала ее под телогрейку и торопливо пошла к себе в сарайчик.

Первое время она сидела в оцепенении и ничего не

понимала, только перебирала дрожащими пальцами бахрому старенького серого платка. Потом у нее начала болеть голова, и Варвара Яковлевна заплакала. Мысли путались. Что же это такое? Неужели его, Ваню, немцы завтра убьют где-нибудь на грязном дворе, около поломанных грузовиков! Почему-то мысль, что его убьют обязательно во дворе, около грузовиков, где воняет бензином и земля лоснится от автола, все время приходила в голову, и Варвара Яковлевна никак не могла ее отогнать.

Как спасти его? Чем помочь? Зачем она сорвала эту листовку со столба? Чего она испугалась? Немцев? Нет. Ей было совестно перед своими. Она хотела скрыть листовку от Егора Петровича, от всех. Немцы убьют Ваню, могут убить и ее. Варвару Яковлевну, за то, что она сорвала этот липкий клочок бумаги. А свои? Свои, кроме чудака Егора Петровича, никогда не простят ей эту убитую женщину, и несчастного старичка провизора и разбитые в мусор дома, где они жили столько лет, дома, где все знакомо-от облупившейся краски на перилах до ласточкиного гнезда под оконным карнизом. Ведь все знают, что Ваня – ее воспитанник, а многие даже уверены, что он ее сын. .

Варвара Яковлевна как будто уже чувствовала на себе недобрые пристальные взгляды, слышала свистящий шепот в спину. Как она будет смотреть всем в глаза! Лучше бы Ваня убил ее, а не этих людей. А Егор Петрович еще говорил, что это – великий подвиг.

Варвара Яковлевна все перебирала бахрому платка, все плакала, пока не начало светать.

Утром она крадучись вышла из сарайчика и спустилась в город. Ветер свистел, раздувая над улицами золу, пепел. В черной мрачности, во мгле шумело море. Казалось, что ночь не ушла, а только притаилась, как воровка, в подворотнях и дышит оттуда плесенью, гарью, окалиной.

Теперь, на рассвете, у Варвары Яковлевны все внутри будто выжгло слезами, и ничто уже ее не пугало. Пусть убьют немцы, пусть ее возненавидят свои – все равно. Лишь бы увидеть Ваню, хоть родинку на его щеке, а потом умереть.

Варвара Яковлевна шла торопливо, глядя себе под ноги, и не замечала, что позади нее шел Егор Петрович. Не видела она и старого Спиро, пробиравшегося туда же, на главную улицу, и веснушчатую рыбачку Пашу. Варвару Яковлевну не покидала надежда, что, может быть, никто не придет смотреть, как будут вести ее Ваню. Придет только она одна, и ничто не помешает ей его увидеть.

Но Варвара Яковлевна ошиблась. Серые озябшие люди уже жались под стенами домов.

Варвара Яковлевна боялась смотреть им в глаза. Она не подымала голову, все ждала обидного окрика. Иначе она бы увидела, как переменился ее родной город. Увидела бы трясущиеся головы людей, сухие волосы, пыльные морщины, красные веки.

Варвара Яковлевна остановилась около афишного столба, спряталась за ним, вся съежилась, ждала.

Обеими руками она комкала старенькую шелковую сумочку, где,, кроме носового платка и ключа от сарайчика, ничего не было.

На столбе висели клочья афиш. Они извещали о событиях как будто тысячелетней давности – симфонии Шостаковича, гастролях чтеца Яхонтова.

Люди все подходили молча и торопливо. Было так тихо, что даже до главной улицы доносились раскаты прибоя. Он бил о разрушенный мол, взлетал серой пеной к. тучам, откатывался и снова бил в мол соленой водой.

Потом толпа вдруг вздохнула, вздрогнула и придвинулась к краю тротуара. Варвара Яковлевна подняла глаза.

За спинами людей, закрывавших от нее мостовую, она увидела в глубине улицы серые каски, стволы винтовок. Все это медленно приближалось, слегка покачиваясь и гремя сапогами.

Варвара Яковлевна схватилась рукой за столб, подалась вперед, вытянула худенькую шею.

Кто-то взял ее за локоть и быстро сказал: "Только не кричите, не выдавайте себя!" Варвара Яковлевна не оглянулась, хотя и узнала голос Егора Петровича.

Она смотрела на темную приближающуюся толпу. Среди

серых шинелей синел комбинезон летчика. Варвара Яковлевна видела мутно, неясно. Она вытерла глаза, судорожно втиснула носовой платок в сумочку и наконец увидела: позади коренастого немецкого офицера шел он, ее Ваня. Шел спокойно, прямо смотрел вперед, но на его лице уже не было того выражения застенчивости, к которому Варвара Яковлевна так привыкла.

Она смотрела, задохнувшись, сдерживая дыхание, глотая слезы. Это был он, Ваня, все такой же загорелый, милый, но очень похудевший и с маленькими горькими морщинами около губ.

Внезапно руки у Варвары Яковлевны задрожали сильнее, и она уронила сумочку. Она увидела, как люди в толпе начали быстро снимать шапки перед Ваней, а многие прижимали к глазам рукава.

А потом Варвара Яковлевна увидела, как на мокрую от дождя мостовую неизвестно откуда упала и рассыпалась охапка сухих крымских цветов. Немцы пошли быстрее. Ваня улыбнулся кому-то, и Варвара Яковлевна вся расцвела сквозь слезы. Так до сих пор он улыбался только ей одной.

Когда отряд поравнялся с Варварой Яковлевной, толпа перед ней расступилась, несколько рук осторожно -схватили ее, вытолкнули вперед на мостовую, и она очутилась в нескольких шагах от Вани. Он увидел ее, побледнел, но ни одним движением, ни словом не показал, что он знает эту трясущуюся маленькую старушку. Она смотрела на него умоляющими, отчаянными глазами.

— Прости меня, Ваня! – сказала Варвара Яковлевна и заплакала так горько, что даже не увидела, как быстро и ласково взглянул на нее Ваня, не услышала, как немецкий офицер хрипло крикнул ей:

"Назад!" – и выругался, и не заметила, как Егор Петрович и старый Спиро втащили ее обратно в толпу и толпа тотчас закрыла ее от немцев. Она только помнила потом, как Егор Петрович и Спиро вели ее через пустыри по битой черепице, среди белого от извести чертополоха.

— Не надо,-бормотала Варвара Яковлевна.- Пустите меня. Я здесь останусь. Пустите!

Но Егор Петрович и Спиро крепко держали ее под руки и ничего не отвечали.

Егор Петрович привел Варвару Яковлевну в сарайчик, уложил на топчан, навалил на нее все, что было теплого, а Варвара Яковлевна дрожала так, что у нее стучали зубы, старалась стиснуть изо всех сил зубами уголок старенького серого платка, шептала: "Что же это такое, господи? Что же. это?"-и из горла у нее иногда вырывался тонкий писк, какой часто вырывается у людей, сдерживающих слезы.

Как прошел этот день, Варвара Яковлевна не помнила. Он был темный, бурный, сырой – такие зимние дни проходят быстро. Не то они были, не то их и вовсе не было. Все настойчивее гудело море. Ветер рвал сухой кустарник на каменных мысах, швырялся полосами дождя.

Ночью в гул моря неожиданно врезался тяжелый гром, завыли сирены и снаряды, загрохотали взрывы, эхо пулеметного огня застучало в горах. Егор Петрович вбежал в сарайчик к Варваре Яковлевне и что-то кричал ей в темноте. Но она не могла понять, что он кричит, пока не услышала, как вся ненастная ночь вдруг загремела отдаленным протяжным криком "ура". Он рос, этот крик, катился вдоль берега, врывался в узкие улицы Карантина, скатывался по спускам в город.

— Наши! – кричал Егор Петрович, и желтый кадык на его шее ходил ходуном. Егор Петрович всхлипывал, смеялся, потом снова начинал всхлипывать.

К рассвету город был занят советским десантом. И десант этот был возможен потому, что советские летчики разбомбили, уничтожили немецкие батареи.

Так сказал Варваре Яковлевне Егор Петрович. Сейчас он возился в кухоньке у Варвары Яковлевны, кипятил ей чай.

— Значит, и Ваня мой тоже?.. – спросила Варвара Яковлевна, и голос ее сорвался.

— Ваня – святой человек, – сказал Егор Петрович. – Теперь

в нашем городе все дети – ваши внуки, Варвара Яковлевна. Большая семья! Ведь это Ваня спас их от смерти.

Варвара Яковлевна отвернулась к стене и снова заплакала" но так тихо, что Егор Петрович ничего не расслышал.

Ему показалось, что Варвара Яковлевна уснула.

Чайник на кухне кипел, постукивал крышкой. Среди низких туч пробилось солнце. Оно осветило пар, что бил из чайного носика, и тень от струи пара без конца улетала, струилась по белой стене голубоватым дымом и никак не могла улететь.

Собрание чудес

У каждого, даже самого серьезного человека, не говоря, конечно, о мальчишках, есть своя тайная и немного смешная мечта. Была такая мечта и у меня, — обязательно попасть на Боровое озеро.

От деревни, где я жил в то лето, до озера было всего двадцать километров. Все отговаривали меня идти, — и дорога скучная, и озеро как озеро, кругом только лес, сухие болота да брусника. Картина известная!

— Чего ты туда рвешься, на этот озер! — сердился огородный сторож Семен. — Чего не видал? Народ какой пошел суетливый, хваткий, господи! Все ему, видишь ли, надо своей рукой цопнуть, своим глазом высмотреть! А что ты там высмотришь? Один водоем. И более ничего!

— А ты там был?

— А на кой он мне сдался, этот озер! У меня других дел нету, что ли? Вот они где сидят, все мои дела! — Семен постучал кулаком по своей коричневой шее. — На загорбке!

Но я все-таки пошел на озеро. Со мной увязались двое деревенских мальчишек, — Ленька и Ваня. Не успели мы выйти за околицу, как тотчас обнаружилась полная враждебность характеров Леньки и Вани. Ленька все, что видел вокруг, прикидывал на рубли.

— Вот, глядите, — говорил он мне своим гугнивым голосом, — гусак идет. На сколько он, по-вашему, тянет?

— Откуда я знаю!

— Рублей на сто, пожалуй, тянет, — мечтательно говорил Ленька и тут же спрашивал: — А вот эта сосна на сколько потянет? Рублей на двести? Или на все триста?

— Счетовод! — презрительно заметил Ваня и шмыгнул носом. — У самого мозги на гривенник тянут, а ко всему приценивается. Глаза бы мои на него не глядели.

После этого Ленька и Ваня остановились, и я услышал хорошо знакомый разговор — предвестник драки. Он состоял, как это и принято, только из одних вопросов и восклицаний.

— Это чьи же мозги на гривенник тянут? Мои?

— Небось не мои!

— Ты смотри!

— Сам смотри!

— Не хватай! Не для тебя картуз шили!

— Ох, как бы я тебя не толканул по-своему!

— А ты не пугай! В нос мне не тычь!

Схватка была короткая, но решительная, Ленька подобрал картуз, сплюнул и пошел, обиженный, обратно в деревню.

Я начал стыдить Ваню.

— Это конечно! — сказал, смутившись, Ваня. — Я сгоряча подрался. С ним все дерутся, с Ленькой. Скучный он какой-то! Ему дай волю, он на все цены навешает, как в сельпо. На каждый колосок. И непременно сведет весь лес, порубит на дрова. А я больше всего на свете боюсь, когда сводят лес. Страсть как боюсь!

— Это почему же?

— От лесов кислород. Порубят леса, кислород сделается жидкий, проховый. И земле уже будет не под силу его притягивать, подле себя держать. Улетит он во-он куда! — Ваня показал на свежее утреннее небо. — Нечем будет человеку дышать. Лесничий мне объяснял.

Мы поднялись по изволоку и вошли в дубовый перелесок. Тотчас нас начали заедать рыжие муравьи. Они облепили ноги и сыпались с веток за шиворот. Десятки муравьиных дорог, посыпанных песком, тянулись между дубами и можжевельником. Иногда такая дорога проходила, как по туннелю, под узловатыми корнями дуба и снова подымалась на поверхность. Муравьиное движение на этих дорогах шло непрерывно. В одну сторону муравьи бежали порожняком, а возвращались с товаром — белыми зернышками, сухими лапками жуков, мертвыми осами и мохнатой гусеницей.

— Суета! — сказал Ваня. — Как в Москве. В этот лес один старик приезжает из Москвы за муравьиными яйцами. Каждый год. Мешками увозит. Это самый птичий корм. И рыбу на них хорошо ловить. Крючочек нужно махонький-махонький!

За дубовым перелеском, на опушке, у края сыпучей песчаной дороги стоял покосившийся крест с черной жестяной иконкой. По кресту ползли красные, в белую крапинку, божьи коровки. Тихий ветер дул в лицо с овсяных полей. Овсы шелестели, гнулись, по ним бежала седая волна.

За овсяным полем мы прошли через деревню Полково. Я давно заметил, что почти все полковские крестьяне отличаются от окрестных жителей высоким ростом.

— Статный народ в Полкове! — говорили с завистью наши, заборьевские. — Гренадеры! Барабанщики!

В Полкове мы зашли передохнуть в избу к Василию Лялину — высокому красивому старику с пегой бородой. Седые клочья торчали в беспорядке в его черных косматых волосах.

Когда мы входили в избу к Лялину, он закричал:

— Головы пригните! Головы! Все у меня лоб о притолоку расшибают! Больно в Полкове высокий народ, а недогадливы, — избы ставят по низкому росту.

За разговором с Лялиным я, наконец, узнал, почему полковские крестьяне такие высокие.

— История! — сказал Лялин. — Ты думаешь, мы зря вымахали в вышину? Зря даже кузька-жучок не живет. Тоже имеет свое назначение.

Ваня засмеялся.

— Ты смеяться погоди! — строго заметил Лялин. — Еще мало учен, чтобы смеяться. Ты слушай. Был в России такой дуроломный царь — император Павел? Или не был?

— Был, — сказал Ваня. — Мы учили.

— Был да сплыл. А делов понаделал таких, что до сих пор нам икается. Свирепый был господин. Солдат на параде не в ту сторону глаза скосил, — он сейчас распаляется и начинает греметь: «В Сибирь! На каторгу! Триста шомполов!» Вот какой был царь! Ну и вышло такое дело, — полк гренадерский ему не угодил. Он и кричит: «Шагом марш в указанном направлении за тыщу верст! Походом! А через тыщу верст стать на вечный постой!» И показывает перстом направление. Ну, полк, конечно, поворотился и зашагал. Что сделаешь! Шагали-шагали три месяца и дошагали до этого места. Кругом лес непролазный. Одна дебрь. Остановились, стали избы рубить, глину мять, класть печи, рыть колодцы. Построили деревню и прозвали ее Полково, в знак того, что целый полк ее строил и в ней обитал. Потом, конечно, пришло освобождение, да солдаты прижились к этой местности, и, почитай, все здесь и остались. Местность, сам видишь, благодатная. Были те солдаты — гренадеры и великаны — наши пращуры. От них и наш рост. Ежели не веришь, езжай в город, в музей. Там тебе бумаги покажут. В них все прописано. И ты подумай, — еще бы две версты им прошагать и вышли бы к реке, там бы и стали постоем. Так нет, не посмели ослушаться приказа, — точно остановились. Народ до сих пор удивляется. «Чего это вы, говорят, полковские, вперлись в лес? Не было вам, что ли, места у реки? Страшенные, говорят, верзилы, а догадки в башке, видать, маловато». Ну, объяснишь им, как было дело, тогда соглашаются. «Против приказа, говорят, не попрешь! Это факт!»

Василий Лялин вызвался проводить нас до леса, показать тропу на Боровое озеро. Сначала мы прошли через песчаное поле, заросшее бессмертником и полынью. Потом выбежали нам навстречу заросли молоденьких сосен. Сосновый лес встретил нас после горячих полей тишиной и прохладой. Высоко в солнечных косых лучах перепархивали, будто загораясь, синие сойки. Чистые лужи стояли на заросшей дороге, и через синие эти лужи проплывали облака. Запахло земляникой, нагретыми пнями. Заблестели на листьях орешника капли не то росы, не то вчерашнего дождя. Гулко падали шишки.

— Великий лес! — вздохнул Лялин. — Ветер задует, и загудят эти сосны, как колокола.

Потом сосны сменились березами, и за ними блеснула вода.

— Боровое? — спросил я.

— Нет. До Борового еще шагать и шагать. Это Ларино озерцо. Пойдем, поглядишь в воду, засмотришься.

Вода в Ларином озерце была глубокая и прозрачная до самого дна. Только у берега она чуть вздрагивала, — там из-под

111

мхов вливался в озерцо родник. На дне лежало несколько темных больших стволов. Они поблескивали слабым и темным огнем, когда до них добиралось солнце.

— Черный дуб, — сказал Лялин. — Мореный, вековой. Мы один вытащили, только работать с ним трудно. Пилы ломает. Но уж ежели сделаешь вещь — скалку или, скажем, коромысло, — так навек! Тяжелое дерево, в воде тонет.

Солнце блестело в темной воде. Под ней лежали древние дубы, будто отлитые из черной стали. А над водой, отражаясь в ней желтыми и лиловыми лепестками, летали бабочки.

Лялин вывел нас на глухую дорогу.

— Прямо ступайте, — показал он, — покамест не упретесь в мшары, в сухое болото. А по мшарам пойдет тропка до самого озера. Только сторожко идите, — там колков много.

Он попрощался и ушел. Мы пошли с Ваней по лесной дороге. Лес делался все выше, таинственней и темнее. На соснах застыла ручьями золотая смола.

Сначала были еще видны колеи, давным-давно поросшие травой, но потом они исчезли, и розовый вереск закрыл всю дорогу сухим веселым ковром.

Дорога привела нас к невысокому обрыву. Под ним расстилались мшары — густое и прогретое до корней березовое и осиновое мелколесье. Деревца тянулись из глубокого мха. По мху то тут, то там были разбросаны мелкие желтые цветы и валялись сухие ветки с белыми лишаями.

Через мшары вела узкая тропа. Она обходила высокие кочки. В конце тропы черной синевой светилась вода — Боровое озеро.

Мы осторожно пошли по мшарам. Из-под мха торчали острые, как копья, колки, — остатки березовых и осиновых стволов. Начались заросли брусники. Одна щечка у каждой ягоды — та, что повернута к югу, — была совсем красная, а другая только начинала розоветь. Тяжелый глухарь выскочил из-за кочки и побежал в мелколесье, ломая сушняк.

Мы вышли к озеру. Трава выше пояса стояла по его берегам. Вода поплескивала в корнях старых деревьев. Из-под корней выскочил дикий утенок и с отчаянным писком побежал по воде.

Вода в Боровом была черная, чистая. Острова белых лилий цвели на воде и приторно пахли. Ударила рыба, и лилии закачались.

— Вот благодать! — сказал Ваня. — Давайте будем здесь жить, пока не кончатся наши сухари.

Я согласился. Мы пробыли на озере два дня. Мы видели закаты и сумерки и путаницу растений, возникавшую перед нами в свете костра. Мы слышали крики диких гусей и звуки ночного дождя. Он шел недолго, около часа, и тихо позванивал по озеру, будто протягивал между черным небом и водой тонкие, как паутина, дрожащие струнки.

Вот и все, что я хотел рассказать. Но с тех пор я никому не поверю, что есть на нашей земле места скучные и не дающие никакой пищи ни глазу, ни слуху, ни воображению, ни человеческой мысли.

Только так, исследуя какой-нибудь клочок нашей страны, можно понять, как она хороша и как мы сердцем привязаны к каждой ее тропинке, роднику и даже к робкому попискиванию лесной пичуги.

Стальное колечко

Дед Кузьма жил со своей внучкой Варюшей в деревушке Моховое, у самого леса.

Зима выдалась суровая, с сильным ветром и снегом. За всю зиму ни разу не потеплело и не закапала с тесовых крыш суетливая талая вода. Ночью в лесу выли продрогшие волки. Дед Кузьма говорил, что они воют от зависти к людям: волку тоже охота пожить в избе, почесаться и полежать у печки, отогреть заледенелую косматую шкуру.

Среди зимы у деда вышла махорка. Дед сильно кашлял, жаловался на слабое здоровье и говорил, что если бы затянуться разок-другой – ему бы сразу полегчало.

В воскресенье Варюша пошла за махоркой для деда в соседнее село Переборы. Мимо села проходила железная дорога. Варюша купила махорки, завязала ее в ситцевый мешочек и пошла на станцию посмотреть на поезда. В Переборах они останавливались редко. Почти всегда они проносились мимо с лязгом и грохотом.

На платформе сидели два бойца. Один был бородатый, с веселым серым глазом. Заревел паровоз. Было уже видно, как он, весь в пару, яростно рвется к станции из дальнего черного леса.

– Скорый! – сказал боец с бородой. – Смотри, девчонка, сдует тебя поездом. Улетишь под небеса.

Паровоз с размаху налетел на станцию. Снег завертелся и залепил глаза. Потом пошли перестукиваться, догонять друг друга колеса. Варюша схватилась за фонарный столб и закрыла глаза: как бы и вправду ее не подняло над землей и не утащило за поездом. Когда поезд пронесся, а снежная пыль еще вертелась в воздухе и садилась на землю, бородатый боец спросил Варюшу:

– Это что у тебя в мешочке? Не махорка?

– Махорка, – ответила Варюша.

– Может, продашь? Курить большая охота.

114

– Дед Кузьма не велит продавать, – строго ответила Варюша. – Это ему от кашля.

– Эх ты, – сказал боец, – цветок-лепесток в валенках! Больно серьезная!

– А ты так возьми сколько надо, – сказала Варюша и протянула бойцу мешочек. – Покури!

Боец отсыпал в карман шинели добрую горсть махорки, скрутил толстую цыгарку, закурил, взял Варюшу за подбородок и посмотрел, посмеиваясь, в те синие глаза.

– Эх ты, – повторил он, – анютины глазки с косичками! Чем же мне тебя отблагодарить? Разве вот этим?

Боец достал из кармана шинели маленькое стальное колечко, сдул с него крошки махорки и соли, потер о рукав шинели и надел Варюше на средний палец:

– Носи на здоровье! Этот перстенек совершенно чудесный. Гляди, как горит!

– А отчего он, дяденька, такой чудесный? – спросила, раскрасневшись, Варюша.

– А оттого, – ответил боец, – что ежели будешь носить его на среднем пальце, принесет он здоровье. И тебе и деду Кузьме. А наденешь его вот на этот, на безымянный, – боец потянул Варюшу за озябший, красный палец, – будет у тебя большущая радость. Или, к примеру, захочется тебе посмотреть белый свет со всеми его чудесами. Надень перстенек на указательный палец – непременно увидишь!

– Будто? – спросила Варюша.

– А ты ему верь, – прогудел другой боец из-под поднятого ворота шинели. – Он колдун. Слыхала такое слово?

– Слыхала.

– Ну то-то! – засмеялся боец. – Он старый сапер. Его даже мина не брала!

– Спасибо! – сказала Варюша и побежала к себе в Моховое.

Сорвался ветер, посыпался густой-прегустой снег. Варюша все трогала колечко, повертывала его и смотрела, как оно блестит от зимнего света.

«Что ж боец позабыл мне сказать про мизинец? –

подумала она. – Что будет тогда? Дай-ка я надену колечко на мизинец, попробую».

Она надела колечко на мизинец. Он был худенький, колечко на нем не удержалось, упало в глубокий снег около тропинки и сразу нырнуло на самое снежное дно.

Варюша охнула и начала разгребать снег руками. Но колечка не было. Пальцы у Варюши посинели. Их так свело от мороза, что они уже не сгибались.

Варюша заплакала. Пропало колечко! Значит, не будет теперь здоровья деду Кузьме, и не будет у нее большущей радости, и не увидит она белый свет со всеми его чудесами. Варюша воткнула в снег, в том месте, где уронила колечко, старую еловую ветку н пошла домой. Она вытирала слезы варежкой, но они все равно набегали и замерзали, и от этого было колко и больно глазам.

Дед Кузьма обрадовался махорке, задымил всю избу, а про колечко сказал:

– Ты не горюй, дочурка! Где упало – там и валяется. Ты Сидора попроси. Он тебе сыщет.

Старый воробей Сидор спал на шестке, раздувшись, как шарик. Всю зиму Сидор жил в избе у Кузьмы самостоятельно, как хозяин. С характером своим он заставлял считаться не только Варюшу, но и самого деда. Кашу он склевывал прямо из мисок, а хлеб старался вырвать из рук и, когда его отгоняли, обижался, ершился и начинал драться и чирикать так сердито, что под стреху слетались соседские воробьи, прислушивались, а потом долго шумели, осуждая Сидора за его дурной нрав. Живет в избе, с тепле, в сытости, а все ему мало!

На другой день Варюша поймала Сидора, завернула в платок и понесла в лес. Из-под снега торчал только самый кончик еловой ветки. Варюша посадила на ветку Сидора и попросила:

– Ты поищи, поройся! Может, найдешь!

Но Сидор скосил глаз, недоверчиво посмотрел па снег и пропищал: «Ишь ты! Ишь ты! Нашла дурака!… Ишь ты, ишь ты!» – повторил Сидор, сорвался с ветки и полетел обратно в избу.

Так и не отыскалось колечко.

Дед Кузьма кашлял все сильнее. К весне он залез на печку. Почти не спускался оттуда и все чаще просил попить. Варюша подавала ему в железном ковшике холодную воду.

Метели кружились над деревушкой, заносили избы. Сосны завязли в снегу, и Варюша уже не могла отыскать в лесу то место, где уронила колечко. Все чаще она, спрятавшись за печкой, тихонько плакала от жалости к деду и бранила себя.

— Дуреха! — шептала она. — Забаловалась, обронила перстенек. Вот тебе за это! Вот тебе!

Она била себя кулаком по темени, наказывала себя, а дед Кузьма спрашивал:

— С кем это ты там шумишь-то?

— С Сидором, — отвечала Варюша. — Такой стал неслух! Все норовится драться.

Однажды утром Варюша проснулась оттого, что Сидор прыгал по оконцу и стучал клювом в стекло. Варюша открыла глаза и зажмурилась. С крыши, перегоняя друг друга, падали длинные капли. Горячий свет бил в оконце. Орали галки.

Варюша выглянула на улицу. Теплый ветер дунул ей в глаза, растрепал волосы.

— Вот и весна! — сказала Варюша.

Блестели черные ветки, шуршал, сползая с крыш, мокрый снег и важно и весело шумел за околицей сырой лес. Весна шла по полям как молодая хозяйка. Стоило ей только посмотреть на овраг, как в нем тотчас начинал булькать и переливаться ручей. Весна шла и звон ручьев с каждым ее шагом становился громче и громче.

Снег в лесу потемнел. Сначала на нем выступила облетевшая за зиму коричневая хвоя. Потом появилось много сухих сучьев — их наломало бурей еще в декабре, — потом зажелтели прошлогодние палые листья, проступили проталины и на краю последних сугробов зацвели первые цветы мать-и-мачехи.

Варюша нашла в лесу старую еловую ветку — ту, что воткнула в снег, где обронила колечко, и начала осторожно отгребать старые листья, пустые шишки, накиданные дятлами, ветки, гнилой мох. Под одним черным листком блеснул огонек. Варюша вскрикнула и присела. Вот оно, стальное колечко! Оно ничуть не заржавело.

Варюша схватила его, надела на средний палец и побежала домой.

Еще издали, подбегая к избе, она увидела деда Кузьму. Он вышел из избы, сидел на завалинке, и синий дым от махорки поднимался над дедом прямо к небу, будто Кузьма просыхал на весеннем солнышке и над ним курился пар.

– Ну вот, – сказал дед, – ты, вертушка, выскочила из избы, позабыла дверь затворить, и продуло всю избу легким воздухом. И сразу болезнь меня отпустила. Сейчас вот покурю, возьму колун, наготовлю дровишек, затопим мы печь и спечем ржаные лепешки.

Варюша засмеялась, погладила деда по косматым серым волосам, сказала:

– Спасибо колечку! Вылечило оно тебя, дед Кузьма.

Весь день Варюша носила колечко на среднем пальце, чтобы накрепко прогнать дедовскую болезнь. Только вечером, укладываясь спать, она сняла колечко со среднего пальца и надела его на безымянный. После этого должна была случиться большущая радость. Но она медлила, не приходила, и Варюша так и уснула, не дождавшись.

Встала она рано, оделась и вышла из избы.

Тихая и теплая заря занималась над землей. На краю неба еще догорали звезды. Варюша пошла к лесу. На опушке она остановилась. Что это звенит в лесу, будто кто-то осторожно шевелит колокольчики?

Варюша нагнулась, прислушалась и всплеснула руками: белые подснежники чуть-чуть качались, кивали заре, и каждый цветок позванивал, будто в нем сидел маленький жук кузька-звонарь и бил лапкой по серебряной паутине. На верхушке сосны ударил дятел – пять раз.

«Пять часов! – подумала Варюша. – Рань-то какая! И тишь!»

Тотчас высоко на ветвях в золотом заревом свете запела иволга.

Варюша стояла, приоткрыв рот, слушала, улыбалась. Ее

обдало сильным, теплым, ласковым ветром, и что-то прошелестело рядом. Закачалась лещина, из ореховых сережек посыпалась желтая пыльца. Кто-то прошел невидимый мимо Варюши, осторожно отводя ветки. Навстречу ему закуковала, закланялась кукушка.

«Кто же это прошел? А я и не разглядела!» – подумала Варюша.

Она не знала, что это весна прошла мимо нее.

Варюша засмеялась громко, на весь лес, и побежала домой. И большущая радость – такая, что не охватишь руками, – зазвенела, запела у нее на сердце.

Весна разгоралась с каждым днем все ярче, все веселей. Такой свет лился с неба, что глаза у деда Кузьмы стали узкие, как щелки, но все время посмеивались. А потом по лесам, по лугам, по оврагам сразу, будто кто-то брызнул на них волшебной водой, зацвели-запестрели тысячи тысяч цветов.

Варюша думала было надеть перстень на указательный палец, чтобы Повидать белый свет со всеми его чудесами, но посмотрела на все эти Цветы, на липкие березовые листочки, на яснее небо и жаркое солнце, Послушала перекличку петухов, звон воды, пересвистывание птиц над полями – и не надела перстенек на указательный палец.

«Успею, – подумала она. – Нигде на белом свете не может быть так хорошо, как у нас в Моховом. Это же прелесть что такое! Не зря ведь дед Кузьма говорит, что наша земля истинный рай и нету другой такой хорошей земли на белом свете!»

Таинственный сундук

С давних пор всем известно, что «старый, как малый». И так же давно всем известно, что «каждая веревочка может пригодиться в хозяйстве».

Таких истин – великое множество. Мы к ним привыкли и произносим их не задумываясь. Но изредка случается, что такая прописная истина вдруг получает неожиданный смысл. Так было, к примеру, в случае с дедом Петро и с его таинственным сундуком.

Те места, где жил на краю села наш дед Петро, не то чтобы были очень глухие, но, конечно, и не очень шумные. Одним словом – Полесье. Бывалому человеку не нужно даже и объяснять, что это за край. Он и сам понимает, что в Полесье одни леса да болота, пески да холодные реки. И, конечно, луга со всякой травой.

Дед Петро был человек одинокий. Хозяйствовал он в своей хате один и, не глядя на свой престарелый возраст, все еще работал в колхозе.

Работа у него была, можно сказать, самая затруднительная, потому что по колхозной должности дед Петро имел дело только с мальчишками. А кто не знает, что мальчишки – самый драчливый и прилипчивый народ. Одному богу известно, какая только глупость может прийти им в голову ни с того ни с сего.

Вот про эту работу деда с мальчишками и сказал колхозный счетовод, что «в хорошем хозяйстве каждая веревочка может пригодиться». Слова, конечно, обидные. Но так уж повелось, что счетоводы бывают острые на язык. Сидит иной счетовод в конторе, обсыпается табачным пеплом, щелкает косточками на счетах и перемывает косточки людям. И, заметьте, несмотря на это занятие, в цифрах своих он не спутается ни на копейку. Особый, как говорится, талант.

А счетовод в селе деда Петро, в нашем, конечно, селе, был не только острый на язык, но еще и вредный. Пустил по селу слух, что дед Петро держит у себя в хате сундук и в том сундуке спрятаны у него стариннейшие регалии.

Ну и слово придумал – регалии! Редко кто такое слово даже слышал. А об том, чтобы понимать, что оно означает, и говорить нечего. Иные престарелые люди даже робели, когда слышали такое слово, и опасались, не будет ли от этих регалий какого-нибудь плохого последствия.

В наших местах народ доверчивый и стеснительный. Спросили один раз у счетовода, что это значит – регалии, а он смеется. «Это, говорит, вещество высшего полета». Покачали люди головами – до чего же вредный счетовод! – и больше не спрашивали.

У деда Петро действительно стоял в хате сундук, расписанный розанами. Сундук был старый, пожалуй, постарше годами, чем сам хозяин. Краска на нем потрескалась и облупилась, а внутри само по себе, особенно по ночам, что-то осторожно звенело и как будто жаловалось.

Мальчишки прямо изводились, чтобы дорваться до того сундука и его потрогать. О том, чтобы заглянуть внутрь, не могло быть никакого разговора, но хоть бы сдвинуть его и дознаться, сколько в нем весу.

Ходил слух, что регалии выкованы из железа и потому сундук бренчит по ночам.

Стоял сундук около печки, и на нем, когда ни заглянешь в окно, всегда спал пыльный черный кот и поводил ушами – сторожил те регалии.

В хату мальчишки заходить не решались, потому что у них с дедом Петро были свои серьезные счеты. И начались те счеты с зеркального карпа.

В наших местах кругом реки и озера со всякой простой рыбой. А лет двадцать назад, еще до Великой Отечественной войны, постановил наш колхоз развести в пруду зеркального карпа. Пруд у нас большой. Посмотришь с одного берега на другой, так там вроде видится все через дым – ракиты, луга со своими цветами и лес. Что-что, а ракиты у нас знаменитые, – древние, дуплистые, густые. Под ними хорошо прятаться от дождя, – сухо, как в хате, а в двух шагах дождь шумит, льется стеной.

Так вот в том пруду развели зеркального карпа.

Правда, прежде чем рассказывать про карпа, надо бы, конечно, рассказать о траве на наших лугах. Но раз уж зашел разговор о карпе, то придется его как-нибудь и окончить.

На третий год начал карп ходить под водой золотыми тучами. Пришло время его вылавливать. У взрослых наших колхозников дела по горло. Нет у них возможности еще и карпа удить. Уженье рыбы – дело по времени очень емкое. Оно требует усидчивости и опыта, а если у человека еще и нетерпеливый характер, то лучше ему за это занятие не браться. Только перепутает все лески, пооборывает крючки и окончательно расстроит свои последние нервы.

Тут-то и вспомнили про наших мальчишек. Кому, как не им, поручить это ответственное и морочливое дело. Главное, за хороший улов не надо будет беспокоиться, потому что какой мальчишка, если дать ему удочку, да еще бамбуковую, да еще с прозрачной леской из «сатурна», не просидит на пруду от зари до зари? Хоть хляби небесные, как говорили в старину, разверзнутся, а он не уйдет. Посинеет весь, будет трястись, как в лихорадке, беспрерывно тянуть носом, а не уйдет: и от азарта и от опасения, как бы соседский Сашко не выловил больше, чем он. Этого, конечно, ни один уважающий свое звание мальчишка допустить не хочет.

Созвали мальчишек и дали им такое направление: шесть карпов в колхоз, а седьмого себе за труды. Поставили на берегу пруда бочки, чтобы складывать пойманного карпа, а для наблюдения за порядком назначили деда Петро.

Определили день, когда начинать ловлю, и, правду сказать, будь он четырежды неладен тот день. Кабы знали, как она будет выглядеть, эта ловля, так никогда бы такой оплошности не сделали. Но, как поется в песне: «Никто пути пройденного назад не повернет, – эй, конная Буденного дивизия вперед!» Что сделано – то сделано, и осталось нам, рядовым колхозникам, только чертыхаться да почесывать затылки.

Вы спрашиваете, что же такое особенное могло случиться при возникновении этой рыбной ловли? Дело, как всем известно, безопасное и для себя и для других и никакими тяжелыми последствиями не грозит. Но так, конечно, может спрашивать человек, не имеющий ни малейшего понятия о наших мальчишках.

Еще не занялась заря того дня, когда должна была начаться ловля, как село наше проснулось от шума, крика, свиста и перебранки на берегу пруда. Похоже, что там иногда даже таскали друг друга за волосы и, заметьте, при совершенно несоответствующей обстановке. Представьте себе, – небо еще только чуть-чуть синеет, звезды еще горят во всей своей силе над землей, с лесных болот тянет таким сладким запахом багульника, что от него кружится голова, ни одна птица еще не пропела, а на пруду стоит такой гвалт, будто горит вся земля. Вот какой был азарт! Стоит одному какому-нибудь мальчишке вытащить карпа, как подымались всеобщий крик и толкотня. Случались, понятно, и драки из-за лучшего места.

Вот тут-то и получилась для деда Петро самая горячая работа. И мальчишек разнимать, и следить, чтобы только седьмую рыбу каждый брал себе, а не шестую и даже пятую.

Как только дед Петро поспевал углядеть, как у кого клюет и кто сколько вытащил карпов при таком столпотворении, – это даже удивительно! И как это он успевал ковылять на своей деревяшке от одного до другого, – тоже непонятно!

Забыл я вам сказать, что дед Петро еще с давней японской войны стал инвалидом. В бою под Вафангоу потерял он ногу и с той поры ходил на деревяшке.

Дед Петро завел для мальчишек строгие правила. Первое правило – не брехать насчет того, сколько поймал рыбы, не увиливать. Второе правило – не заводить драк и скандалов и третье правило – не дуть пойманным карпам в рот и не тащить их, кстати, из воды через голову, а подольше вываживать на кругах.

Две недели шла разрешенная ловля. И за эти две недели столько наслушались в нашем колхозе мальчишеского хвастовства, что головы у людей просто гудели. Но зато и улов был богатый!

После ловли так тихо стало в селе, что кое-кто даже начал жалеть о недавнем буйном времени. А я, признаюсь вам, не жалел. Проснешься до света, лежишь и ждешь, пока запоют петухи. Звезды дрожат за окнами, в печке что-то потрескивает, пахнет сухой мятой и так на сердце спокойно, так тихо, что, кажется, век бы жил и жил и думал хорошие думы.

Ну, это я заболтался. Да еще про такую старую историю с карпами. Я давно за собой заметил, что с возрастом болтаю вроде как больше, чем требуется, и опять же – болтаю с длительным, так сказать, подходом. Вот и сейчас. Начал я разговор про таинственный сундук, а занесло меня к карпам. Ежели вы не устали, так вернемся к этому сундуку. Но, чтобы все было понятно про сундук, надо вам сказать, что наши места всегда славились своими кормовыми травами и сеном.

Как зацветут у нас луга, как затихнут воды, как закричат дергачи да ударят к вечеру по-над теми лугами и речками перепела и соловьи, – так вы только молчите, смотрите и слушайте. Другой раз, может, такой красоты вы никогда и не увидите.

И почему это так повелось думать, что наше украинское Полесье – это одна сырость да туман, – не понимаю.

Да, так надо же кончить эту историю с дедом Петро. Он по инвалидности своей полномерно работать, конечно, не мог, а до работы был жадный. Беспокойный был к работе человек и на все имел особое мнение. В этом ничего удивительного нет. На то и старый человек, чтобы по опытности своей кое о чем иметь свое самостоятельное мнение.

После дела с карпами назначили деда Петро сторожить луга. Дали ему смирного коня, и объезжал он на нем луга, присматривал, чтобы те же самые мальчишки, а заодно с ними и девчата не вытаптывали и не мяли траву.

В лугах у нас много клубники и щавеля, а это для детей – самая большая приманка. А то, бывает, среди детей запутается еще какая-нибудь старуха, собирает свои лечебные травы от тридцати трех болезней и от трясовицы.

Было у нас давнее распоряжение по всем колхозам страны косить луга рано, чтобы успела еще отрасти отава для второго сбора. И чтобы сенокос не совпал с уборкой хлебов – самым горячим летним временем для колхозников. Раз есть такое распоряжение, мы и косим луга из года в год раным-рано. И из года в год замечаем, что начинают лысеть наши луга и сена мы собираем все меньше и меньше. Но за другими делами как-то это идет у нас без большого внимания.

И вот приходит один раз дед Петро к председателю нашего колхоза и говорит:

– Долго вы еще будете губить траву? Разума у вас своего нету или что! Она еще и метелок не выбрасывала, а вы ее всю косите. Это все, – говорит, – от дурости вашей, оттого, что много начали об себе понимать.

Ну, конечно, председатель, хотя и сам видит, что с лугами у нас дело поганое, однако стоит на своей позиции.

– Не крути, – говорит он деду Петро, – ты мне голову. У меня и без тебя мороки, как маковых зерен в мешке. Начальству лучше знать, когда косить.

– Откуда начальству все знать! – говорит ему дед Петро. – Может, оно вам еще скажет, сколько у нас в колхозе лент у дивчин или как бабка Мотря шинкует и квасит капусту? Или сколько табаку у себя на огороде посадил этот наш счетовод-балаболка?

– А очень свободно, что и знает! – сердито говорит ему председатель. – Какой академик нашелся!

Тут уж дед Петро выругался, постучал себя по лбу и говорит:

– Моя академия вот тут! Так спытайте ваших академиков, известно ли им, что, ежели все травы косить в один ранний срок, – надолго лугов не хватит. А то проторгуетесь до самых дыр, до того, что сена не будет у вас и коровы начнут дохнуть. Дайте травам больше силы в кореньях набрать, чтобы к новому покосу гуще отрасти. Делите все луга на четыре части, каждую косите в свой срок. На будущий год поменяйте сроки. И не будет лысин на лугах. Соображать надо самостоятельно. На то вас и выбрало колхозное население. А вы все тянете, чтобы по бумажке жить.

Ну, тут, конечно, начался крик и, как говорится, взаимная обида. Ушел дед Петро ни с чем, а председатель ему еще в спину крикнул:

– Старый, как малый! Со своими фантазиями! Дед Петро остановился, плюнул в пыль и ответил:

– Я этого дела так не оставлю. Как я есть старый солдат и местный сторожил.

Действительно, подался наутро в район. Что там было, никому не известно. Только вернулся оттуда дед Петро смутный, заперся у себя в хате, а на другое утро услышали соседи, как запел замок от дедовского сундука. Замок тот был старинный, с музыкой.

Соседский мальчишка вылетел на улицу, бежит по ней и кричит:

– Дед Петро регалии с сундука вытягает!

Тут произошло, как говорится, некоторое смятение. Забегали из хаты в хату женщины. Во всех окошках поднялись занавески – десятки глаз взяли под обстрел дедовскую хату.

А потом так все и ахнули. Вышел дед Петро из хаты в новой свитке и соломенном брыле-шляпе, и на груди у него горел начищенный солдатский георгиевский крест за японскую войну.

Проковылял дед через все село и пропал. Пошел на Днепр, на пристань, сел на пароход и поехал, понятно, в самый Киев – к правительству.

И можете себе представить, добился-таки своего.

Вернулся дед Петро, снял свой георгиевский крест и запер его в сундук. И тут-то и узнали люди, что ничего, кроме того креста, в сундуке не было. Никаких железных регалий, а один только маленький крест, что заслужил дед Петро своей кровью.

Я, конечно, разболтался, но думаю, может, вам интересно узнать, что и в таких невидных местах, как наше, бывают всякие такие случаи, вроде этой истории с сундуком деда Петро.

Утренник

Среди ночи коротко прогремела якорная цепь, зашипел пар, и машина, медленно качнув маслянистыми шатунами, остановилась. Стало слышно, как журчит под плицами речная вода. Пароход прокричал глухо и недовольно, немного помолчал и прокричал снова.

Елена Петровна лежала в холодной каюте, не раздеваясь, укрывшись пальто. Она подняла голову, посмотрела в окно. Там ничего не было видно, кроме мокрой деревянной скамейки около борта. Несколько минут было тихо, потом опять прокричал пароход.

Елена Петровна встала, накинула пальто и вышла на палубу. Пароход стоял. Одинокую электрическую лампочку на корме заносило густым туманом. От этого свет лампочки делался красноватым, мутным, и казалось, что он вот-вот погаснет.

Пожилой вахтенный в черном ватнике сбежал с мостика и прошел мимо Елены Петровны.

– Сентябрит, – сказал он ей на ходу. – Все туманы. Поздно едете в отпуск.

– Да нет, ничего, – ответила Елена Петровна и виновато улыбнулась.

Она обошла по палубе вокруг парохода. В каютах спали. Далеко, как в пропасти, протрубил чужой пароход. Гудок у него был хриплый. «Должно быть, буксир», – подумала Елена Петровна и спустилась по крутой лестнице на нижнюю крытую палубу. Там тоже все спали, подложив под голову узлы и мешки. Поблескивала железная палуба. Сидела на привязи мохнатая белая собака с одним рыжим ухом. Увидев Елену Петровну, она неуверенно замахала хвостом и тихонько взвизгнула.

Рядом с собакой сидела на ящике молодая цыганка и качала на руках маленькую девочку в пестром платке и такой же пестрой юбке. Девочка не спала, смотрела на Елену Петровну и крепко держала в руке баранку.

– Погадаю, красавица! – сказала цыганка и подвинулась, чтобы Елена Петровна могла сесть рядом. – Тяжелое у тебя сердце, голубка. Ты своего счастья не видишь. Скажу правду, – не пожалеешь.

– Не стоит, – ответила Елена Петровна, достала трехрублевку и протянула цыганке. – Я сама знаю, где мое счастье.

– Не горюй: слеза красоту смоет, – пробормотала цыганка и завязала деньги в платок.

Елена Петровна поднялась наверх, прошла в пустой салон на носу парохода, села в кожаное кресло. В салоне было темно. За окнами клочьями плыл туман. Стенные часы пробили четыре.

Елена Петровна облокотилась о стол и задумалась. Вот она сказала цыганке, что знает, где ее счастье. Где же оно? Уж не в этой ли осенней поездке на пароходе? «Я как пьяница, – подумала Елена Петровна и усмехнулась. – Все меня тянет в эти места. Сейчас я все вспомню, и тогда, может быть, станет легче. Ну, конечно, надо все вспомнить».

Но вспоминать было не так-то легко. От воспоминаний начинало тяжело биться сердце.

В 1936 году – десять лет назад, – когда Елена Петровна была еще девушкой и носила длинные косы, она, окончив школу, приехала из Москвы погостить к подруге Мане Синицыной вот в эти места, в городок Новинки. Отец Мани заведовал в Новинках городской больницей. Больница стояла на окраине. За ее оградой тянулся на десятки километров – до самого областного города – сосновый лес.

В то лето Елена Петровна – тогда еще Лена – познакомилась со студентом Лесного института Алешей Белявским. Он приехал из Ленинграда на практику в тамошнее лесничество и часто бывал у Мани. Это был худенький юноша – выдумщик и спорщик. Он мог спорить часами о чем угодно, но чаще всего – о поэзии, литературе. Тогда он, по словам Мани, «неистово вдохновлялся». Он бледнел и даже голос у него вздрагивал, когда он в подтверждение своих слов читал стихи.

Он знал на память много стихов, и Лена приставала к нему

с просьбой прочесть что-нибудь «из Блока или Лермонтова». Но Алеша никогда не читал, если его просили. Один только раз, перед ее отъездом, он прочел ей «Веселых нищих» в переводе Багрицкого, а потом незнакомые стихи Блока, которые просто пели, пели сквозь слезы, как может петь молодая мать, баюкая ребенка:

Нет имени тебе, весна.
Нет имени тебе, мой дальний…

Это было в городском саду, около заросшего пруда, где отцветал стрелолист и в черной воде горел закат. Лена теребила перекинутые через плечо косы, потом сжала их пальцами, опустила голову и заплакала. Она сама не знала, почему плачет. Может быть, оттого, что назавтра надо было уезжать из Новинок, а может быть, в стихах было что-то непонятное, щемившее сердце.

Лена вскочила и пошла вдоль пруда, а испуганный Алеша остался на скамейке.

На следующий день Лена уезжала, но Алеша не пришел из лесничества, чтобы ее проводить. Когда отошел пароход и уже не стало видно Мани, махавшей платком, Лена облокотилась о поручни и долго простояла, ничего не видя, тяжело дыша от обиды.

В шести километрах от Новинок пароход проходил мимо лесничества. От берега отвалила лодка. Пароход коротко прогудел и застопорил машину, чтобы принять с лодки случайного пассажира. Пассажиром этим оказался Алеша. Он поднялся на палубу к Лене. Она посмотрела на него испуганно. Алеша сказал, что решил проводить ее до следующей пристани, и спросил, можно ли это.

– Можно, – еле слышно ответила Лена и тут же подумала, что ему придется сутки ждать обратного парохода, негде будет ночевать, что он не взял пальто и, конечно, простудится. Она упрекнула его за это, но Алеша только улыбнулся.

Потом они сидели на палубе и молчали. Лене казалось, что земля и небо переменились местами. Облака медленно подплывали под днище парохода, а небо текло над ним глубокой рекой.

Следующая пристань была маленькая и безлюдная. Прощаясь, Лена неожиданно прижалась головой к плечу Алеши, потом подняла голову, и глаза их встретились. Алеша улыбнулся неуверенно и смущенно. Тогда впервые и единственный раз Лена поцеловала его и тут же оттолкнула.

В Москве она получила от Алеши письмо. «Я прямо счастлив, – писал он, – что живу в одно время с вами». После этого письма Лена долго ходила как потерянная. Смешное, милое время!

На этом месте следовало бы перестать вспоминать, но память вела дальше. Лена написала Алеше несколько писем, но не отослала их и все порвала. Слова в письмах бренчали, как погремушки. Нельзя было такими словами писать о том, что было у нее на душе. А других – настоящих – слов она не могла найти, будто сразу их позабыла.

Так прошел месяц, второй, третий. Алеша больше не писал, и Лена знала, что по своей глупости она обидела Алешу и теперь уже все кончено.

Осенью умер от разрыва сердца отец Лены – врач Яузской больницы. Лена осталась одна с матерью-учительницей, поступила в архитектурный институт, познакомилась как-то зимой на студенческой вечеринке с молодым художником Чуркиным, веселым и задиристым, как воробей, увлеклась им, и на следующее лето они поженились. Чуркин говорил, что женщина не может быть архитектором, что это галиматья, и Лена вскоре после замужества перешла на работу в издательство, выпускавшее книги по искусству.

Они прожили вместе четыре года. Чем дальше, тем чаще Лена замечала, что Чуркин живет как-то вприпрыжку, «петушком», отшучивается от серьезных дел и занят главным образом тем, чтобы скоротать время.

Перед самой войной они разошлись – спокойно, без попреков, будто разъехались близкие, но наскучившие друг другу родственники.

Оставшись одна, Елена Петровна начала чаще вспоминать

об Алеше, но и Новинки, и стихи у пруда, и прощание на пароходе представлялись ей теперь такими далекими, будто это было в другой, не этой жизни.

А потом накатилось железное время – пришла война. Почти два года Елена Петровна прожила в сибирском городе на берегу холодной реки, куда было эвакуировано издательство. Однажды ночью она проснулась у себя в низкой комнате. Гремела под ветром крыша, дождь колотил в стекла, как град, и страшно было представить себе, как за рекой бушует болотистый сибирский лес.

Елена Петровна закрыла глаза и так ясно увидела Алешу – небритого, худого, вот под таким проливным дождем, где-то далеко, на переднем крае… Детская любовь, по никак ее не оторвешь, не выбросишь из сердца!

Вернувшись в Москву, Елена Петровна решила непременно поехать в отпуск в Новинки. Она не знала, жива ли Маня Синицына, что с ней, что в лесничестве. И вот завтра она наконец все узнает.

Дверь скрипнула. Елена Петровна оглянулась. В салон вошел пожилой человек, в пальто, без шляпы. Елена Петровна накануне познакомилась с ним, но разговаривать стеснялась, – она узнала от капитана, что это писатель Семенов и что едет он тоже в Новинки. «Что он там будет делать? – подумала она. – Должно быть, едет к родственникам».

– И вам тоже не спится? – спросил Семенов, присел к соседнему столику, начал набивать трубку и, не дожидаясь ответа, сказал: – Да, туман… Простоим до утра. Трудно на реке поздней осенью. А я, представьте, это очень люблю.

Он зажег спичку и начал раскуривать трубку, поглядывая при красноватом огне на Елену Петровну.

– Что любите? – спросила Елена Петровна.

– Пустой пароход, туман… Холодные каюты, – он помолчал и добавил: – И ночные разговоры люблю. С попутчиками. Я вам не помешал?

– Нет, ничуть! – поспешно ответила Елена Петровна.

– Вовремя застал нас туман, – сказал как бы про себя Семенов.

– Почему?

– Тут на берегах горелый лес. После войны. Тянется на тридцать километров. За глаза это трудно даже представить. До горизонта обугленные сосны. Как кладбище. Хорошо, если вы этого не увидите. Вы, кажется, в Новинки?

– Да, в Новинки.

– И я туда же. Второй раз в этом году. Вернее, не в Новинки, а в лесничество.

– Отдыхать? – спросила Елена Петровна.

– Нет. По делу. И работать. Я пишу одну вещь… о лесах. Не знаю даже, как ее назвать, – повесть ли это, статья или поэма.

– Это, наверное, интересно, – сказала Елена Петровна.

– Правда? – удивился Семенов. – А я вот боюсь, что не дойдет до читателя. Когда пишу, то уверен, что здорово. А окончу – сразу же начинает казаться, что все это – сплошная ерунда, жеваная вобла, а я сам – графоман и дурак.

– А вы проверьте, – посоветовала Елена Петровна. – Прочтите кому-нибудь постороннему. Тогда это пройдет.

– Вот вы как! – сказал, подумав, Семенов. – А что, если я поймаю вас на слове. Возьму и прочту вам отрывок?

– Господи! – улыбнулась Елена Петровна. – Я буду только рада.

– Вы чудная! – сказал решительно Семенов и встал. – Сейчас принесу рукопись. Я давно заметил, что вы хорошая. Улыбка у вас такая, что можно пропасть.

Семенов ушел за рукописью. «Странный человек», – подумала Елена Петровна. Ее немного покоробили последние слова Семенова.

Семенов вернулся очень скоро, зажег над столиком желтоватую лампочку, и Елена Петровна увидела, что виски у него седые, лицо усталое, а прищуренные серые глаза смотрят не на нее, а куда-то дальше, будто он все время прислушивается.

– Глава называется, – сказал Семенов, – «Потомок доктора Астрова». Помните доктора Астрова? Из «Дяди Вани»?

Елена Петровна молча кивнула.

132

— Помните его слова, что леса учат человека понимать прекрасное?

— Конечно, помню.

— Извините, тут будут некоторые технические вещи, — предупредил Семенов. — Так вот, слушайте.

«Известный, но еще молодой композитор пригласил меня к себе послушать отрывок из его новой симфонии. Было это в Ленинграде летом 1946 года.

Композитор жил на набережной, над Невой, и я слушал его симфонию, сидя на балконе. Заря угасла, не догорая, за островами, и только одна звезда отражалась в невской воде. Та звезда, о которой, мне кажется, упоминают все, кто пишет о летних ночах в нашей северной столице. Это был, должно быть, Юпитер.

Рядом со мной сидел на балконе загорелый человек в поношенном черном костюме и по всему виду – не горожанин. Несмотря на потертый костюм и шершавые, загрубелые руки, в моем соседе было столько изящества, что он, пожалуй, превосходил им тех мягких в движениях и учтивых музыкантов, что собрались послушать симфонию. Я как-то сразу догадался, что мой сосед – человек не совсем обыкновенный.

Когда композитор окончил играть, человек в черном сказал:

— Это не уступает Чайковскому.

— Вы очень любите Чайковского?

— Да, – ответил он. – За все. Не только за музыку.

— А за что же еще?

— Хотя бы за его слова, что ничто так не помогает расцветанию творческих сил и кристаллизации мысли, как леса.

— Вы имеете отношение к лесу?

— Да, я лесничий.

Так я познакомился с замечательным человеком – лесничим Белявским».

Елена Петровна встала и пересела за столик Семенова. Он взглянул на нее. Загудел пароход. Семенов замолчал.

— Читайте, – сказала Елена Петровна.

– Пусть он перестанет гудеть.

– Все равно, читайте!

– «Я люблю леса и все, что связано с лесным делом. Поэтому через минуту мы уже затеяли с лесничим оживленный разговор. Композитор вышел на балкон узнать наше мнение о симфонии и был озадачен и даже, кажется, обижен тем, что услышал.

– За годы войны, – говорил лесничий, – немцы свели под корень сотни тысяч гектаров наших лесов. В Орловской области они вырубили все те веселые рощи, что были воспеты Тургеневым. Но это капля в море – в общем массиве погибших лесов. Если бы вы подозревали, чем грозит гибель лесов, то, думаю, не занимались бы психологическими рассказами.

– Позвольте, – сказал я.

– Я совсем не хотел вас обидеть, – быстро сказал лесничий. – Извините. Я очень люблю литературу. В том числе и психологические рассказы. Но стоит задуматься. У вас сила, но применяете вы ее не там, где это важнее всего. Вы пока что молчите о том, о чем, по-моему, надо писать со всей страстью.

– О лесах? – спросил я.

– Конечно. Он помолчал.

– Есть точный закон, – сказал он наконец. – Сколько уничтожено леса, столько же гибнет плодородной почвы. Вот вам коротенький синодик: истребление лесов приводит к обмелению рек. Реки сохнут у нас на глазах. Дожди смывают, а ветры разносят пылью огромные пласты плодородной земли. Растут овраги, движутся сыпучие пески, происходит тяжелая порча климата, быстрое падение урожаев и – самое страшное – необратимое засоление земли. Всего не перечтешь.

У нас свели лес немцы. А в прославленной Америке? Что там? Промышленники валят леса на огромных площадях. Ради наживы. Целые области уже превращены в пустыни. Урожаи в иных штатах уменьшились в десять раз. Каждый год дожди вымывают из американской земли в двадцать раз больше питательных веществ, чем их расходуется на питание урожая… Старая песня: «После нас хоть потоп». Вот вы музыкант, –

лесничий обернулся к композитору. – Вам эта тема должна быть очень близка.

– Почему? – спросил несколько обиженно композитор.

– Просто потому, что леса, помимо всего прочего, оказывают на нас огромное эстетическое влияние.

– Допустим, – пробормотал композитор.

– Это так! – ответил лесничий. – Пожалуй, этого даже не стоит доказывать. Сейчас я хотел сказать о другом – о воздухе. Вот об этом легком воздухе, без которого нет жизни. От гибели лесов меняется его состав, и если так пойдет дальше, то мы пропадем от кислородного голода. Достаточно того, что одни заводы каждый год выбрасывают в воздух миллионы тонн сернистого газа. Пока что от отравления этим газом нас спасали леса.

– Страшноватые вещи! – сказал композитор.

– Мы это остановим, – спокойно сказал лесничий, как будто говорил о чем-то совершенно обыкновенном. – Надо вернуть земле плодородие, мягкий климат, полноводные реки. У нас уже начинаются работы по возрождению лесов. Надо торопиться. Торопиться еще и потому, что для восстановления страны понадобится столько леса, что поезда с ним три раза могут опоясать экватор. Мы будем сажать леса из скорорастущих деревьев. В общем, мы преодолеем время. Через двенадцать – пятнадцать лет на нынешних пустошах будут шуметь густые леса. Наши лесоводы уже научились выращивать за двенадцать лет деревья, не уступающие по высоте и силе деревьям восьмидесятилетним.

– Тысяча и одна ночь! – заметил композитор. – Но почему мы ничего не знаем об этих вещах?

– Приезжайте в мои леса, в Новинское лесничество, – ответил лесничий и засмеялся. – Там вы кое-что увидите.

– Почему вы говорите «мои леса»? – язвительно спросил композитор. – Насколько я знаю, леса у нас государственные.

– По-моему, этого противопоставления нет, – ответил лесничий. – Все мое – государственное, И наоборот. Наше дело такое, что мы для себя не живем. Приходится работать на будущее.

Он замолчал. Мы все тоже замолчали. Ночь стала темнее. Звезда на высоком небе переливалась влажным огнем, как дождевая капля, занесенная током воздуха на такую высоту, где, за границей стратосферы, ее еще освещает солнце.

— Есть такая сказка, — неожиданно сказал лесничий, — о том, почему мигают звезды. Им, так же как и людям, смертельно хочется спать по ночам, и они стараются отогнать от себя сон.

Мы молчали. Только композитор сказал вполголоса:

— Удивительно.

Семенов замолчал и начал складывать листы рукописи.

— Что же вы? — испуганно спросила Елена Петровна.

— Дальше не стоит читать. Я и сам вижу, что это еще очень сыро и плохо.

— Где он сейчас, этот лесничий? — спросила Елена Петровна, глядя в сторону, на светлое ореховое пианино в углу салона, и чувствуя, что у нее начинает гореть лицо.

— В Новинском лесничестве. Я сейчас еду к нему. Получил телеграмму.

— Что-нибудь случилось? — небрежно спросила Елена Петровна, все так же разглядывая пианино.

— Да, — ответил Семенов и сильно пригладил ладонью рукопись. — Случилось. Он лежит с двусторонним воспалением легких. Сам, конечно, виноват. Он заложил здесь большие питомники скорорастущих деревьев. А в самом начале месяца ударили утренники. Помните? Даже у нас в Москве крыши были белые от инея. Надо было спасать молодые посадки. Да вы меня слушаете или нет?

— Слушаю, — тихо ответила Елена Петровна и перевела взгляд с пианино на портрет Горького, висевший над дверью салона.

— Спасают их просто, — объяснил Семенов. — Окуривают дымом. Разводят десятки костров. Дым не подпускает холод. Вы понимаете?

— Да, — ответила Елена Петровна. — Но почему же он сам виноват?

— Фанатик. Не бережется. Ночи были ледяные. Понятно — простудился. За ним ведь некому смотреть. А он сам, как

136

ребенок. И кто его теперь выходит, – непонятно. Объездчики? Лесники? Черт знает что!

– А жена? – спросила Елена Петровна.

– Эх вы, женщина! – сердито ответил Семенов. – Нету у него жены. Да и не в этом дело.

– А в чем же?

– А в том, что обидно! – так же сердито ответил Семенов. – Великолепный человек, а пропадает один. Почему? Да потому, что небось ни одна женщина – вот такая, как вы, – не согласится замуровать себя в этой лесной берлоге, Потому что, извините, вас тянет к блеску, к славе, к нарядности жизни. Я уверен, что если бы Пушкин был сельским лекарем, то напиши он хоть двадцать «Евгениев Онегиных», – у него бы не было в жизни ни Ризнич, ни Воронцовой, ни Керн! Уверен! Вот я смотрю на вас и думаю: чудесная женщина, красивая, молодая, с такой улыбкой, что действительно можно пропасть. И вот где-то рядом человек, делающий великое дело, человек одинокий, талантливый, заслуживающий настоящей любви. Любви вот такой женщины, как вы. Понимаете? Может быть, если бы вы встретились с ним, вы бы его и полюбили. Даже наверное полюбили бы. Но как встретишься? Где? В лесах? Да вас калачом в эти леса не заманишь! Вот человек и пропадает. И я, понимаете, мужлан, мужчина, еду, чтобы ему как-то помочь, хотя и знаю, что от меня толку на ломаный грош. Тут нужна женская рука.

Семенов замолчал и начал досадливо постукивать пальцами по столу.

– Хорошо, – вдруг тихо сказала Елена Петровна. – Я поеду с вами… к нему. Но сейчас оставьте меня одну. Потом…

Она отвернулась, прижалась лбом к запотевшему оконному стеклу и заплакала.

Семенов дико посмотрел на Елену Петровну, испуганно сказал «Господи!», смущенно и широко улыбнулся и, стараясь не шуметь, вышел из салона. Он осторожно прикрыл стеклянную дверь, постоял минуту, посмотрел на Елену Петровну, на ее затылок, на русые косы, заколотые сзади и, казалось, клонившие своей тяжестью ее милую голову к холодному оконному стеклу, и опять смущенно и широко улыбнулся.

Елена Петровна плакала долго и легко, как никогда еще не плакала в жизни. О чем? О том, что кончилось наконец одиночество и вся скрытая, задавленная ею самой любовь прорвалась наконец и вот вылилась в эти легкие и совсем еще детские слезы. Лишь бы спасти его, выходить, взять в свои руки его голову и крепко прижать к груди, как прижимают голову ребенка.

Утром, когда пароход подходил к лесничеству и гневно гудел, вызывая лодку, чтобы принять на борт двух пассажиров, а на берегу суетился, отвязывая лодку, седой мохнатый старик, должно быть, объездчик или бакенщик, Елена Петровна вышла из каюты на палубу и зажмурилась. В льдистом, необыкновенно синем небе подымалось солнце, но иней на прибрежной траве еще не растаял. Он лежал даже на палубе, как белая крупная соль, и хрустел под ногами. Елена Петровна посмотрела на берега и судорожно вздохнула, – знакомый лесной край горел перед ней холодным пожаром заржавленной листвы, было так тихо, что ясно слышался где-то далеко за просекой стук топора. Горький воздух долетал с берега, запах вянущей травы, лесных дебрей, тронутой первым морозом рябины.

Семенов подошел к Елене Петровне. Она протянула ему руку. Семенов снял шляпу, наклонился к руке, поцеловал ее и почувствовал, что рука чуть заметно дрожит. – Спасибо! – сказала Елена Петровна.

Семенов поднял голову и с недоумением посмотрел в глаза Елене Петровне. И вдруг понял, что вот в этой молодой женщине вся та великая любовь, о какой он писал так много и в которую втайне не верил. Он уже догадывался, что случайно вмешался в чужую тайну, в чужую боль, но вмешался благодетельно и кстати.

Пароход сработал назад, чтобы его не сносило течением, погнал волны, и в этих волнах закачались, переливаясь золотом, береговые леса.

Мохнатый старик причалил и зацепился багром за борт парохода.

— С листопадом тебя, Терентьич! — крикнул с мостика вахтенный.

— Листопад нынче богатый, — ответил старик. — Ну, давай твоих пассажиров!

Елена Петровна быстро сбежала по крутой лестнице на нижнюю палубу, к лодке. Семенов спускался за ней, не торопясь, будто соображая, не остаться ли ему на пароходе. Но потом решился, широко улыбнулся и вслед за Еленой Петровной соскочил в лодку.